ACCESO GRATIS *a la Lectura en la Nube*

Para visualizar el libro electrónico en la nube de lectura envíe junto a su nombre y apellidos una fotografía del código de barras situado en la contraportada del libro y otra del ticket de compra a la dirección:

ebooktirant@tirant.com

En un máximo de 72 horas laborables le enviaremos el código de acceso con sus instrucciones.

AF276461

Desorden global
Notas sobre el mundo que viene

Desorden global

Notas sobre el mundo que viene

JOAN ROMERO

tirant humanidades
Valencia, 2025

En caso de erratas y actualizaciones, la Editorial Tirant Humanidades publicará la pertinente corrección en la página web www.tirant.com.

Director de la colección Ágora
JOAN ROMERO GONZÁLEZ

© Joan Romero

© TIRANT HUMANIDADES
EDITA: TIRANT HUMANIDADES
C/ Artes Gráficas, 14 - 46010 - Valencia
TELFS.: 96/361 00 48 - 50
FAX: 96/369 41 51
Email: tlb@tirant.com
www.tirant.com
Librería virtual: www.tirant.es
DEPÓSITO LEGAL: V-759-2025
ISBN: 978-84-1081-162-1
MAQUETA: Innovatext

Si tiene alguna queja o sugerencia, envíenos un mail a: *atencioncliente@ tirant.com*. En caso de no ser atendida su sugerencia, por favor, lea en *www.tirant.net/index.php/empresa/politicas-de-empresa* nuestro procedimiento de quejas.

Responsabilidad Social Corporativa:
http://www.tirant.net/Docs/RSCTirant.pdf

Índice

Desorden 9

1. (Des) orden geopolítico 31

2. Hacia la recomposición del orden global........ 61

3. Europa en un mundo post-europeo 87

4. Viejas y nuevas geografías del desorden y de
   los Derechos Humanos.................................. 113

5. Dos grandes desafíos existenciales como fuente
   de desorden: cambio climático e Inteligencia
   Artificial generativa...................................... 127

Desorden

El 12 de septiembre de 2024, el joven multi-millonario Jared Isaacman abrió la escotilla de la cápsula espacial, pudo contemplar la Tierra desde una altitud de casi 750 kilómetros y dijo: *"desde aquí parece un mundo perfecto"*. El 24 del mismo mes, con motivo de la 79ª Asamblea General, el Secretario General de Naciones Unidas, Antonio Gutérres, advertía: *"El estado de nuestro mundo es insostenible. La impunidad, la desigualdad y la incertidumbre son los principales factores de insostenibilidad que están interrelacionados y colisionan"*. Aunque nunca en toda nuestra historia la humanidad alcanzó niveles de bienestar como en la actualidad, la descripción del Secretario General resume mejor el momento actual. Al menos, esa es la percepción que se ha instalado en la mente de una buena parte de la humanidad. También en el Occidente que ha moldeado el mundo durante los últimos cinco siglos.

El desorden es la nueva normalidad de un mundo fragmentado y desquiciado. Gobernado por nuevos magnates, plutócratas, oligarcas, mercaderes globales y nuevos emperadores digitales. Un mundo que asiste a la pérdida de autonomía de muchos Estados y al retroceso de las democracias liberales, instituciones fundamentales de la segunda mitad del siglo XX, en favor de unos nuevos imperios tecnológicos del siglo XXI que, a diferencia de los viejos imperios de la primera mitad del siglo XX, no se pueden cartografiar en un mapa, como afirmó Bauman. Nuevos imperios que concentran un poder y una capacidad, hasta ahora inimaginable, para condicionar instituciones y sistemas productivos, degradar las democracias y moldear nuestras mentes. Ahora, incluso han decidido tomar el poder y gobernar directamente, sin intermediarios ni gestores. Un mundo que ignora los grandes desafíos existenciales que nos amenazan, literalmente, como especie: los efectos del cambio climático y las consecuencias disruptivas de la inteligencia artificial generativa. Desde antes de la Segunda Guerra mundial nunca se hablado de desorden como en este tiempo.

Son los valores mismos de la Ilustración los que se discuten, se pervierten y se combaten ahora. Tiempos donde gobierna el capital a escala global, sin intermediarios, sin reglas, sin contrapesos democráticos. Asistimos a una mutación patológica del capitalismo hacia versiones autoritarias, cuyas consecuencias aún desconocemos Tiempos de impunidad, donde ya todo es posible en mitad de silencios cómplices y sin que nadie quiera o pueda detener grandes operaciones de exterminio, de limpieza étnica, de expulsiones masivas o de saqueo de recursos.

Un mundo globalizado y a la vez, y esta es la gran paradoja, tiempos de muros para expulsar o aislarnos del diferente y para alzar barreras arancelarias. Se mantiene la globalización de la economía, aunque más regionalizada, pero se reivindica la "nacionalización" de la política y cierta tendencia al aislacionismo geopolítico. En especial en Occidente. Hubo un tiempo en el que los muros se construían para impedir que ciudadanos huyeran hacia las democracias liberales, hoy los construimos para impedir que puedan entrar y "externalizamos" el problema. Abiertos en lo económico, aunque tal vez menos que en décadas anteriores, y cerrados en lo cultural e identitario.

Tiempos de autoritarismo postdemocrático, donde quienes entienden que la democracia es un estorbo, ya han aprendido que los golpes a los sistemas democráticos ya no conviene hacerlos con las armas, sino a través de las urnas. Eludiendo mediadores tradicionales, apelando a los miedos y recurriendo a las fábricas del odio y a la industria de la desinformación como estrategia deliberada. Intoxicando a las sociedades hasta la náusea para generar caos; también desde gobiernos y agentes políticos externos. Estas son las nuevas armas de manipulación masiva. Y más allá de las democracias maduras, allí donde transcurren las vidas de casi dos tercios de la humanidad, la impunidad, la represión y la vulneración de derechos, especialmente de mujeres y niñas, son la normalidad cotidiana impuesta. Nunca han conocido otra cosa. Su mundo es el desorden, el autoritarismo, la inseguridad, la precariedad y la violencia.

Ahora todos hablan de nuevo orden, aunque cada uno de los actores políticos le atribuye significados diferentes. Lo cierto es que hemos entrado en una nueva Era, con mayúsculas, para la que carecemos de brújula, especialmente moral. Y para la que es difícil encontrar palabras para poder describirla ¿Cómo definir este cambio de época? Veamos algunos ejemplos, entre muchos otros, sugeridos desde las ciencias sociales: el fin de un orden, la era de la incertidumbre, la era del desorden, la era de la indiferencia, la era del enfrentamiento, la era del gran retroceso, el declive de Occidente, la era de la Gran Divergencia, la era de la Gran Convergencia, el siglo del Pacífico, la era de la interconexión, la era digital, la era del capitalismo de vigilancia, el siglo del colapso, el siglo de los nuevos despotismos, el tiempo de los "hombres fuertes" o el siglo de los autoritarismos postdemocráticos. Y podríamos seguir.

Casi todas tienen algo en común: son visiones construidas desde un Occidente que percibe grandes cambios profundos que le alejan del centro de gravedad geopolítico, ahora en el Pacífico, y que expresan "sensación de pérdida", especialmente en Europa. Muestran temor a algunos efectos de la revolución digital, alertan de los efectos del cambio climático y anuncian malos tiempos para unas democracias liberales en

retroceso, en favor de distintas versiones de autocracias, teocracias, despotismos y dictaduras,
donde todo el poder está cada vez más concen-
trado, sin límites o separaciones precisas entre
legislativo, ejecutivo, judicial, sistema financiero,
ejército, control de medios de comunicación o
empresas tecnológicas. Sin división de poderes,
en definitiva.

Aunque en muchos de estos regímenes se
convoquen elecciones de forma periódica, y este
es un logro de Occidente durante los últimos
cuarenta años, porque ha conseguido que la democracia sea la forma preferida para organizar
la vida de las gentes, no deja de ser una victo-
ria pírrica en muchos casos. La buena noticia es
que la democracia se ha adoptado como sistema
político, y es un logro civilizatorio incuestio-
nable. Pero en ocasiones sigue siendo solo en
apariencia, como placebo social. Lo que significa que puede ser sustituida por otras formas
de gobierno cuando el poder real lo estime ne-

cesario, o vaciada hasta el extremo de hacerla irreconocible.

Vivimos tiempos de transición desde hace décadas. Manuel Castells ya lo analizó en su obra monumental *La Era de la Información*, publicada por vez primera en 1998; ahora es la desinformación, fabricada desde arriba, la que guía la acción de muchos gobiernos y corporaciones, hasta el punto de que no es exagerado afirmar que estamos entrando en la *Era de la ignorancia*. En ocasiones la Historia se acelera, nos interpela y remite a coincidencias turbadoras. Hay años que parecen décadas. Una pandemia global inesperada, el primer gran "cisne negro" de nuestro tiempo, y unas guerras, más previsibles, han modificado tendencias y percepciones en apenas unos años. Y como ha ocurrido en otros momentos de nuestra historia, se aprecia confusión, cierta sensación fin de un mundo, de final de época, de provisionalidad, de que algo inesperado puede suceder.

Por esa razón se observan distintas manifestaciones de resistencia a los cambios, tendencia a idealizar el pasado, pugna entre retrotopía y utopía, dificultad para imaginar el futuro, sensación de vivir en un presente continuo, como definió Heinz Bude. Lo ha explicado de forma magistral Enzo Traverso en su obra *Melancolía de izquierda. Después de las utopías*: la "cesura histórica" de finales de los ochenta significó el final de las utopías del siglo XX. Los nuevos movimientos que se inician a partir de ese final anticipado del siglo XX ya no son una continuidad de los movimientos anteriores. El siglo XXI ha surgido sin utopías, sin "horizonte de espera". Los marcos de transición de la memoria, los vínculos con el pasado, se rompieron y la política del siglo XX, con sus partidos y sindicatos de masas, ya son historia. En ese tiempo, los movimientos sociales otorgaban a cada uno un propósito, un sentido de pertenencia que trascendía a su propia situación individual. Ahora, todo es distinto.

Esta cesura histórica explica por qué las nuevas revueltas sociales no remiten a antiguos relatos ni utopías. Carecen de árbol genealógico, y esa puede ser su fuerza, pero en el momento presente es su debilidad. La ciudadanía empoderada impulsa movilizaciones, provoca estallidos sociales y articula resistencias desde los territorios en torno a muchas cuestiones: contra los efectos de la globalización, contra los efectos del cambio climático, contra las prácticas extractivas, contra los grandes mercaderes agroindustriales globales, contra las desigualdades, contra el poder, contra los gobiernos, contra el sistema, contra el "Otro", en favor de la igualdad de género, en favor de la identidad …Tienen una gran fuerza creadora, pero al no inscribirse en una tradición histórica tienen un carácter en muchas ocasiones efímero. Por eso no son movimientos sociales, salvo el ecologismo y el feminismo, sino revueltas, explosiones o protestas. Estaríamos así ante un "mundo comprimido en el presente" marcado por una aceleración permanente del tiempo.

Y en esa temporalidad el futuro genera desconcierto, desorientación, inseguridad, malestar y miedos. Entraña riesgos de "gran dimisión", tentaciones de refugio en "tribus" o burbujas aisladas y separadas del resto, ahora facilitadas hasta el paroxismo por las redes sociales. Corremos el riesgo de que la indiferencia se apodere de nosotros y nada nos afecte, como advierte Patricia Simón en "*Palabras muertas*". También provoca pulsiones de repliegue, añorando Estados "amurallados" y el regreso a la patria y a la nación. *Mutatis mutandis*, como en otros momentos de nuestra historia. Como resumió Ortega y Gasset cuando afirmaba "*no sabemos lo que nos pasa y eso es precisamente lo que nos pasa.*" Como describió de forma magistral Stefan Zweig aquel mundo que él dejaba atrás. Como analizó Polanyi en su todavía influyente obra *La gran transformación*.

La misma sensación se ha instalado ahora en el imaginario colectivo de millones de personas. En definitiva, tiempos de "interregno", donde el "escepticismo difuso" y los "síntomas mórbidos", como dejara escrito Antonio Gramsci para su época, vuelven a ser rasgos distintivos de un presente caracterizado por la incertidumbre radical y la crisis sistémica de un "viejo" orden nacido después de la Segunda Guerra Mundial, sin que por ahora existan pistas de hacia dónde transitamos y cómo serán los fundamentos de "lo nuevo".

Puede ser que las pulsiones autoritarias, las prácticas insostenibles pasen pronto y la humanidad entre en un nuevo periodo donde la justicia social, la fraternidad y el respeto por las generaciones futuras y por nosotros mismos oriente nuestras acciones. Pero también puede ser la era del gobierno del capital y del "nacionalismo desastre" del que habla Richard Seymour. Reduciendo el Estado a la mínima expresión, como en las primeras décadas del siglo XX; socavando las bases de pertenencia a una comunidad política; incrementando las desigualdades; pervirtiendo las reglas democráticas hasta hacerlas irreconocibles; amurallando nuestras debilitadas democracias; haciendo ostentación desinhibida de una arrogante ignorancia y de una irresponsable y desmesurada soberbia. Exhibiendo la fuerza frente al diálogo como elemento distintivo de la acción de gobierno en muchos responsables, desde Trump a Putin, pasando por Netanyahu y tantos otros. Es la hýbris de este tiempo.

Tal vez sea el momento de revisar paradigmas, pero el futuro no está escrito. Muchos ya habían decretado el agotamiento de las cuatro décadas de hegemonía del pensamiento neoliberal y el final, relativo, de la globalización. No habían reparado en que tal vez fueran ciertos los signos de fatiga de un pensamiento neoliberal reconocible, que ya se había convertido en el mayor adversario del liberalismo clásico, pero no habían previsto la posibilidad de que pudiera mutar hacia una versión mucho más descarnada, que entiende el neoliberalismo como insuficiente e incompleto. Y de igual forma que Thatcher y Reagan fueron los rompehielos de su tiempo, dejando atrás las décadas de hegemonía keynesiana y despejando el camino a más de cuarenta años de hegemonía neoliberal, ahora Trump puede ser quien abra una nueva etapa de capitalismo reaccionario y libertario que haga incluso pensar que la larga etapa previa de hegemonía neoliberal fue moderada y "ordenada".

Sin olvidar nunca las ironías que la historia nos depara: de la misma forma que el primer laboratorio neoliberal fue el Chile de Pinochet, ahora la agenda populista y reaccionaria lo es la Argentina de Milei y los Estados Unidos de Trump. Desregulación, privatización, desguace del Estado, reducción de impuestos hasta lo inverosímil y reacción ultraconservadora en valores, de la mano de una internacional fanática y libertaria que ya está organizada para impulsar la "gran ruptura", actuando como caballo de Troya en el seno de las democracias liberales. Esta es la marea que sube.

Es el mundo al revés. Un mundo en el que "los nadies" son los que siguen en los márgenes de la historia. Son *los hijos de nadie, los dueños de nada, los ninguneados, que no hablan idiomas, sino dialectos, que no son seres humanos, sino recursos humanos, que cuestan menos que la bala que los mata*", de los que nos hablaba Eduardo Galeano. Y pese a los enormes progresos en condiciones de vida y bienestar de la humanidad en las últimas cinco décadas, hay muchos "nadies" en el mundo; basta con mirar hacia América Latina y el Caribe, África, Asia…y a Gaza o Cisjordania. Son los parias de la nueva modernidad de los que ya hablaba Bauman a principios del siglo XXI. Las guerras y los conflictos representan el desorden absoluto, la desaparición de todo vestigio de derecho internacional y de derecho internacional humanitario, el caos. Pero además persisten otras formas de desorden que afecta a más de la mitad de la población mundial, limitada o vulnerada en sus derechos básicos.

Y los "nuevos pobres" del opulento Occidente, los perdedores de la globalización, que cada vez son más y con menos esperanza, atrapados en ese presente continuo al que antes se aludía, que en parte han abandonado clásicas fidelidades de voto a la izquierda, y creen que sus enemigos son los de enfrente, sencillamente porque su color de piel es distinto, porque tienen otra religión, porque hablan dialectos que no entienden y, sobre todo, porque compiten por los mismos servicios públicos. La macroeconomía va bien en muchos lugares, pero millones de personas comprueban que eso no se refleja en sus economías domésticas. Todos ellos son la inmensa mayoría, pero las dictaduras de las minorías, de las que hablan Levitsky y Ziblatt, ya no son la excepción, sino la regla. Los "nadies" y los "nuevos pobres" son la cara oculta de la globalización.

Es el tiempo de nuevos flautistas de Hamelín que, con sus vistosos y atractivos ropajes tecnológicos disfrazados de modernidad y progreso, manufacturan falsas promesas, que en realidad son mentiras que nos conducen a la soledad en mitad de la multitud, al individualismo patológico, a la anomia social y al enfrentamiento entre iguales, no contra ellos. Porque las élites, las que gobiernan el mundo de verdad, hace décadas que se separaron del resto. La secesión de los ricos es la única que realmente se ha producido en las últimas décadas. Somos los nuevos "siervos de la nube" que trabajamos gratuitamente para los señores tecnofeudales, de los que hablan Andrés Ortega o Yanis Varoufakis.

Mientras tanto, el reloj ambiental sigue descontando los minutos. El año 2024 ha sido el año más cálido desde que hay registros y el año en que hemos superado el límite de 1,5 grados de aumento de las temperaturas que se dijo que no deberíamos superar. Pero nosotros seguimos creyendo nuestras propias mentiras y engañándonos a nosotros mismos. Prometiendo que la próxima década será la decisiva, aunque lo vengamos diciendo desde hace décadas. Y sigamos celebrando reuniones internacionales y acordando resoluciones elaboradas en el vacío que casi nadie respeta. Como la reciente Cumbre del Clima de 2024 (¿No había otro sitio menos ofensivo para celebrar la COP29 que en Azerbaiyán, un petroestado, cuyo presidente reafirmó que los hidrocarburos son un regalo de Dios?), como la anterior, y la anterior… y así hasta la Cumbre de Río de 1992 o incluso hasta el informe del Club de Roma de 1972.

Pero seguimos empeñados en seguir caminando hacia el precipicio como especie: en 2024 los grandes lobbies energéticos siguen batiendo récords de extracción de gas y petróleo, exprimiendo de forma irracional recursos que lo están alterando todo, acelerando el calentamiento global, contribuyendo a que ocurran eventos extremos y catástrofes cada vez con mayor frecuencia y mayores daños. Para mantener un modelo de crecimiento que es insostenible, como la comunidad científica no se cansa de alertar con sus evidencias. El riesgo sistémico es nuestro compañero de viaje. Y aun así muchos siguen negando la evidencia. Ahora incluso desde la misma presidencia del país más poderoso del mundo. Es la paradoja de este tiempo: se considera utópico defender modelos sostenibles e impulsar mecanismos de gobernanza global si queremos garantizar nuestro futuro como especie, cuando lo verdaderamente utópico, como nos advierte el maestro Luigi Ferrajoli, es pensar que podemos seguir como hasta ahora.

Y la otra gran amenaza existencial, los riesgos asociados al desarrollo de una inteligencia artificial generativa desregulada y sin control, no solo pueden ocasionar rupturas sin precedentes en sistemas productivos, mercados de trabajo o sistemas de protección social, sino que es la gran amenaza para el Estado de Derecho y las democracias. Además de la gran incógnita sobre cómo afectará a nuestra propia existencia el hecho de convivir con humanoides dotados de capacidades que les permita pensar y tomar decisiones por su cuenta. Los sapiens, con nuestro pequeño cerebro que no ha evolucionado en miles de años, somos capaces de lo mejor y de lo peor. Noah Harari, en *Nexus*, acaba de hacer un repaso sobre nuestra huella en la Tierra y alerta de que tal vez nuestro lado autodestructivo nos esté abocando a riesgos existenciales hasta ahora desconocidos.

No sabemos qué nos depara el futuro inmediato, pero los vientos de la historia, también en Occidente, empujan en esta dirección. *The Economist* ha seleccionado *kakistocracia* (literalmente, el gobierno de los peores) como palabra del año 2024 y Oxford University Press ha seleccionado *brain rot*; alude al deterioro mental provocado por el consumo excesivo de información banal a través de las redes sociales. Es mucho más que una metáfora de este tiempo. El invierno geopolítico, democrático, moral, desinformativo y ambiental amenaza nuestro tiempo e incluso nuestra propia existencia. Es el mundo que viene.

Decía el Secretario General de Naciones Unidas en septiembre de 2024 que *"no podemos crear un futuro para nuestros nietos con instituciones construidas para nuestros abuelos".* La pandemia global, con el precedente de la Gran recesión de 2008, evidenció déficits y fracturas y reabrió nuevos debates. Las guerras en Ucrania y en Oriente Medio han cambiado aún más el estado del mundo actual. Los efectos del cambio climático son tan evidentes como dramáticos. Vivimos tiempos que tal vez obliguen a reformar instituciones y organismos, a revisar, revisitar y reivindicar conceptos y a repensar paradigmas. Entre otros muchos, los siguientes: orden global, democracia, Occidente, Europa, Sur Global, poder/potencia, desorden, límites, soberanía, progreso, desarrollo, Derechos Humanos, dignidad... y tres más que son antiguos, pero no viejos: libertad, igualdad y fraternidad.

1. (Des) orden geopolítico

Hace aproximadamente 80 años que se sentaron las bases de un Nuevo Orden mundial. Entre 1945 y 1948 se diseñó un nuevo mapa geopolítico del mundo, de la mano de EEUU y la URSS (Yalta y Postdam, 1945), una nueva geografía del poder y una nueva arquitectura institucional. Nuevas reglas económicas acordadas en Bretton Woods y creación del Banco Mundial y del Fondo Monetario Internacional (julio de 1944) donde participaron 44 países aliados; la creación de las Naciones Unidas en la Conferencia de San Francisco (junio de 1945) con representación de 50 países, y la Conferencia de París (1945-1947) donde se acordaron las sanciones a Alemania, el impulso del Plan Marshall (1948) y un nuevo reparto de Europa en áreas de influencia y la creación de la OTAN (1949). Se abrió la puerta a la esperanza con la Declaración Universal de Derechos Humanos (1948) y los Convenios de Ginebra (1949). Y también fueron los años de la independencia de la India (1947), de la revolución en China (1949), de la creación del Estado de Israel, de la Nabka en Palestina (1947-1948) y del inicio de una guerra interminable.

Aquel orden mundial, moldeado por Occidente hace ochenta años, afronta ahora un proceso de recomposición inacabado e incierto. De nuevo se vuelve a hablar de la necesidad de un "nuevo orden", de "nuevas reglas" o de "desorden". Incluso de "caos geopolítico". Existe cierta sensación de fin de un mundo que afronta procesos y transformaciones globales, pero sin mecanismos de gobernanza global. Y resultan cuando menos paradójicas las crecientes referencias a Hobbes y al regreso al "estado de naturaleza".

Un mundo multipolar, complejo, fragmentado, desigual, desorientado y "replegado". Un tiempo de transiciones desde hace décadas entre lo "viejo" y lo "nuevo". Que mira más hacia un pasado cargado de nostalgia que hacia un futuro capaz de ofrecer seguridades y esperanza. Un cambio de época para el que todavía carecemos de un relato consistente y coherente. "*Hemos entrado en este siglo nuevo sin brújula*", decía en 2009 Amin Maalouf en su conocido texto "El desajuste del mundo". Han pasado ya tres lustros y nos sigue costando pensar el siglo XXI.

Ochenta años después, aquel orden ha entrado en crisis. Se achaca a Occidente su "doble rasero" sistemático y la vulneración de sus propias reglas y valores. De otra parte, muchos de aquellos organismos e instituciones se mueven entre el fracaso, la adaptación, la contestación y la irrelevancia: se discute el papel del Consejo de Seguridad de Naciones Unidas, así como de las propias Naciones Unidas, se reivindica la reforma de la estructura del Banco Mundial y del Fondo Monetario Internacional para adaptarlo a la realidad del mundo actual, se denuncia el incumplimiento de los Convenios de Ginebra y la guerra en Oriente Medio nos avergüenza y nos horroriza. Sin olvidar que el siglo XX, todo el siglo XX (en realidad desde la Conferencia de Berlín de 1885), se sigue proyectando sobre el siglo XXI con todo su peso.

Un buen ejemplo de la crisis de aquel orden de postguerra se constata en la profunda crisis que atraviesa la ONU. Un organismo que nació con unos objetivos claros de paz, seguridad y desarrollo de los pueblos, que fue la esperanza del entonces emergente Tercer Mundo tras la descolonización (las "naciones oscuras" en acertada definición de Vijay Prashad), que pudo haber sido garante del establecimiento de mecanismos de gobernanza global, y que sin embargo ha evidenciado su anacrónico diseño y toda su impotencia e irrelevancia en mitad de dos grandes guerras de dimensión global, en Ucrania y en Oriente Medio, y de otros 53 conflictos abiertos en el mundo. Las grandes potencias son muy responsables de esa situación de bloqueo e incluso de humillación institucional que atraviesa un organismo que, pese a las muchas críticas que recibe, si no existiera habría que imaginar la creación de algo parecido. Es el único espacio de encuentro y diálogo de todos los pueblos del mundo.

Asistimos a hechos y paradojas turbadoras. El año 2024 es en el que más elecciones se han celebrado en el mundo (más de 4.000 millones de ciudadanos han sido convocados a las urnas), y a la vez el año en el que más se habla de retroceso democrático y de erosión de las democracias liberales. Es el año que más dinero se ha dedicado a gasto militar en toda nuestra historia (2,44 billones de dólares) y en el que menos se ha dedicado a ayuda humanitaria y ayuda al desarrollo. Es el año en el que se asiste al mayor incumplimiento del derecho internacional y del derecho internacional humanitario en décadas. El año en que asistimos impasibles e impotentes a una segunda Nakba en Palestina, presenciamos en directo un auténtico genocidio y apelamos, sin efecto real alguno, a la Convención de Ginebra y a organismos internacionales por violación del Derecho internacional humanitario. Europa ni siquiera ha sido capaz de guardar las formas, imponiendo al menos sanciones o revisando acuerdos comerciales con el Estado de Israel. También ha sido el año en el que han aumentado las emisiones de CO_2 a la atmósfera y se han batido todos los récords de indicadores climáticos extremos, y el año de la alerta mundial sobre riesgos imprevisibles de la Inteligencia Artificial y en el que la IA generativa ya razona por su cuenta.

En definitiva, un mundo que afronta varias crisis (geo)políticas superpuestas: del orden de postguerra, de Occidente, del modelo de globalización, de las democracias liberales, del modelo de crecimiento y de la concepción del desarrollo. Un mundo más dividido, más multipolar pero menos multilateral, de geometría variable y potencialmente más peligroso. El periodo comprendido entre 2021 y 2023 ha sido el que más muertes ha registrado en conflictos armados con Estados implicados desde el fin de la Guerra Fría. Algunos expertos subrayan que vivimos el momento más peligroso en décadas. Un mundo que tal vez empieza a parecerse demasiado a la Europa de los imperios y las grandes potencias rivales de principios del siglo XX. Que conmemora el 80 aniversario del desembarco de Normandía y, de repente, la guerra no nos parece a los occidentales tan remota como hace apenas cinco años. Entre los no occidentales, las guerras, las expulsiones por apropiación o la violencia, siguen formando parte de su "vieja" normalidad en muchas regiones del mundo.

Desde los años ochenta del siglo XX, la globalización económica de inspiración neoliberal hizo posible el mayor acontecimiento geopolítico ocurrido desde la caída del muro de Berlín hasta ahora: la *Gran Convergencia*. El retorno de China al comercio mundial desde el momento en que se aprobó su entrada en la OMC el 11 de diciembre de 2001, pocas semanas después del 11S y el atentado a las Torres Gemelas. Y además de China, otras muchas economías emergentes del antiguo *Tercer Mundo* encontraron su ventana de oportunidad histórica. El 11S de 2001 ya ha quedado en los libros de historia, pero el 11D de ese mismo año debería ocupar también un lugar destacado; porque ha cambiado el mundo, y no solo la geografía económica.

Visto en perspectiva, la situación actual obliga a preguntarnos si lo que más ha cambiado entre el *momentum* geopolítico de hace ochenta años y el actual, es el lugar que ahora ocupa Europa en el mundo. Como ha resumido Pierre Haroche en su texto *Dans la forge du monde*, el punto de inflexión fue la gran transferencia de poder ocurrida inmediatamente después de la Segunda Guerra Mundial y que supuso el final abrupto de la hegemonía de una Europa que había dominado el mundo durante cuatro siglos. El fin de una época que de forma simbólica podemos situar en 1956, con la nacionalización del canal de Suez por Egipto y la humillación sufrida por Reino Unido y Francia. Dos grandes imperios del "mundo de ayer", obligados por EEUU y la Unión Soviética a no intervenir y relegados de pronto a un papel secundario y subalterno.

Fue el principio del fin de la Europa imperial, la puesta en marcha del Movimiento de Países No Alineados y el desplazamiento del centro de gravedad hacia EEUU como nuevo imperio mundial. Y al otro lado del muro, se erigía un nuevo imperio sobre otros fundamentos, que en 1991 se demostraron tan vulnerables como insostenibles. La parte positiva es que al verse obligada a dejar de "mirar hacia fuera", Europa pudo hacer de la necesidad virtud y "mirar hacia dentro", concentrando su energía en el impulso de un nuevo proyecto político común desde 1958.

Uno de los signos distintivos de este nuevo tiempo es *Westlessness*, literalmente la ausencia o la falta de Occidente, así lo resume Samir Puri en su obra reciente. El otro es *Eurowhiteness*, así titula su libro Hans Kundnani; se refiere al cambio de época desde la Europa "blanca" e imperial de la postguerra a la Europa subordinada y "provincial" de nuestros días, que empieza a asumir que ya es prescindible, que el contexto geopolítico global ya es post-europeo y que el mundo puede funcionar sin contar con Europa.

Dos crisis económicas en una década, una pandemia y dos guerras en las puertas de la Unión Europea, son demasiado para unas generaciones, las primeras que no han conocido una guerra, acostumbradas a ciertas seguridades y a un horizonte de futuro previsible. Ahora corresponde asumir que el mundo es mucho más que Occidente. Nos cuesta mucho aceptar esta nueva realidad, pero la Unión Europea ha de entender las consecuencias de los cambios y hacerse cargo de su propio destino en este nuevo tiempo.

Las ideas, que son las que mueven el mundo, han tenido y tienen grandes implicaciones en el mapa geopolítico y en la forma de organizar la vida de las gentes y en sus valores. Bretton Woods y el keynesianismo (1945) y la revolución neoliberal del Consenso de Washington (1989) son los dos grandes hitos de la segunda mitad del siglo XX. En parte, ambas visiones se siguen proyectando desde la influencia lejana de

Keynes y Hayek, pero algo está también cambiando en el mundo de las ideas.

Con independencia y al margen de los principios del confucianismo que inspiran el modelo alternativo chino (una gran civilización más que un Estado-nación), en el mundo occidental podemos apreciar tres visiones distintas: quienes defienden que el capitalismo debe fortalecer el papel de la esfera pública; quienes apuestan por el nacionalismo cultural y etno-religioso (la religión ha vuelto también a la política en Occidente), dejando la economía fuera de la ecuación y en manos de los apóstoles del neoliberalismo, y quienes desde la extrema derecha defienden la idea de que el neoliberalismo ha fracasado, en parte porque no ha funcionado realmente, e impulsan propuestas sobre unas bases más radicales y disruptivas. El *Proyecto 2025* en EEUU y el experimento de Milei en Argentina serían los mayores exponentes, hasta ahora, de esta nueva versión de autoritarismo libertario.

Son tiempos impunidad. Lo hemos podido seguir en directo con motivo de las últimas Asambleas Generales de la ONU y también en reuniones del G-20, donde se han evidenciado las distintas posiciones y alineamientos sobre las guerras en Ucrania y en Oriente Medio. En la Asamblea General de septiembre de 2024, el secretario general Antonio Gutérres habló de impunidad como un signo de nuestra época. Afirmación que quedó ratificada dos días después, desde la misma tribuna de Naciones Unidas, con motivo de la provocadora y arrogante intervención del primer ministro de Israel, que sigue su hoja de ruta de exterminio de un pueblo, con el apoyo total de EEUU y con el silencio cómplice, salvo honrosas excepciones entre las que se cuenta España, de una Europa inane.

De la intervención de Netanyahu en la ONU en septiembre de 2024, merece destacarse una desafiante frase en la que sí tiene razón: están ganando. Y conviene detenerse en esta afirmación y hacerla extensiva más allá de lo que ahora ocurre en Oriente Medio e incluso más allá de la geografía de los conflictos actuales.

En primer lugar, los fanáticos del mundo van ganando. No solo en Oriente Medio, en Ucrania, en la República Democrática del Congo, en Sudán, en Mali y en tantos otros lugares en conflicto, sino en contextos sociopolíticos autoritarios e incluso democráticos, hoy degradados por la emergencia de nacional-populismos. De nuevo es tiempo de fanáticos y aventureros extremistas. Como en otros momentos de nuestra historia. *"El gran problema del mundo,* sostenía Bertrand Russell, *es que los necios y fanáticos siempre están seguros de sí mismos, mientras que las personas más sabias están llenas de dudas".*

El fanatismo trasciende con mucho a Oriente Medio, pero ese escenario de guerra es el mejor ejemplo de esta era de desorden e impunidad. Como es sabido, fanático procede del latín *fanaticus*, que significa "guardián del templo" "seguidor del templo", "servidor del templo". Y en el caso de Oriente Medio hay demasiada historia y demasiada religión en muy poca geografía. Los fanáticos judíos no quieren palestinos en ese territorio que va "desde el río hasta el mar". Y llevan décadas dedicados a hacer físicamente inviable un Estado palestino, arrinconando a ese pueblo en *"menguantes bantustanes"* como dijo Tony Judt. Los fanáticos de Hamás y Hezbolá (que significa Partido de Dios) tampoco quieren judíos. Es la tierra santa para ambos. Por cierto, y no es algo improvisado, a la invasión del Líbano y los ataques al conjunto del mundo chiita (con el elocuente silencio de parte del mundo sunita), los fanáticos del actual gobierno de Israel le han llamado "operación Nuevo Orden". Puede que estemos ante un giro estratégico sin precedentes en el seno del mundo árabe, liderado en este caso por la nueva administración Trump.

En ese conflicto se demuestra la impotencia e incapacidad de la ONU para mediar en conflictos y hacer cumplir sus resoluciones, el encubrimiento cómplice de las diferentes administraciones de EEUU, el largo silencio y abandono a su suerte del pueblo palestino de parte del mundo árabe, la irrelevancia de una Europa irrelevante, como siempre dividida y acomplejada por el sentimiento de culpabilidad de atrocidades pasadas, y la lenta aplicación del derecho internacional ante la evidencia de crímenes de guerra, que para muchos es en realidad un genocidio. Constatamos además que existen poderosos intereses en que las guerras perduren. Y lo contemplamos con una mezcla de indignación, impotencia, resignación, vergüenza o indiferencia.

En este tiempo de impunidad y de brutalización de la (geo)política, la llamada comunidad internacional no hace cumplir las normas que pactó hace ochenta años para garantizar la paz y hacer respetar los derechos humanos más elementales. Estamos aceptando la utilización de dobles raseros como elemento de una normalidad impuesta por Occidente, sin reparar en que esa es la razón por la que una parte importante del Sur Global se aleja de Occidente.

No puede haber distintas posiciones para hechos de similar naturaleza. La operación de exterminio del pueblo palestino y la ocupación de Gaza y parte de Cisjordania para impedir cualquier solución basada en dos Estados, los ataques al Líbano, Siria, Irán y Yemen por parte de Israel, merece similar tratamiento a la ocupación de Ucrania por Rusia. Pero no ha sido así. Hace mucho tiempo que Occidente interpreta el derecho internacional y el derecho internacional humanitario de forma tan arbitraria como inaceptable. Y cuando no se respeta el Derecho ya no queda nada después, salvo la violencia y un odio que perdurará durante generaciones. Philippe Sands lo define como *Lawless*

World (un mundo donde no rige la ley, descontrolado, anárquico).

En segundo lugar, también están ganando los grandes imperios digitales, las grandes corporaciones de hidrocarburos, las farmacéuticas o los grandes grupos agroalimentarios. Y van ganando las empresas de fabricación de armamento como nunca en la historia. Están ganando las elites que concentran la riqueza hasta niveles nunca vistos. Oligarquías globales les llama Oxfam. Avanzan las formas de autoritarismo de mercado. En cambio, retroceden el derecho internacional, las democracias, los niveles de igualdad, las rentas de miles de millones de ciudadanos, la protección del medio ambiente, los derechos individuales y colectivos, especialmente de minorías, y la confianza de la ciudadanía en sus instituciones. Y, sobre todo, retrocede la esperanza en el futuro.

Mientras tanto, el Sur Global reivindica un nuevo protagonismo en el tablero geopolítico y geoestratégico mundial. Aquello que para Occidente es visto como un tiempo de desorden, es en realidad un cuestionamiento del "viejo" orden. Un buen número de potencias emergentes expresan su independencia, el rechazo a alinearse con alguno de los grandes bloques geopolíticos (de una parte, el denominado *Occidente plus* y China-Rusia y sus aliados de otra) y el deseo de apoyar aquellas iniciativas que sean beneficiosas para sus respectivos países. Y esto sirve para explicar la posición adoptada en cada momento por grandes países como la India, Brasil, Méjico, Turquía, Nigeria, Egipto, Irán, Arabia Saudita, Emiratos, Sudáfrica y tantos otros. Son las periferias que ahora revisan la historia de sus pueblos y exigen un nuevo lugar, además de dignidad y respeto. Durante cinco siglos, Occidente ha moldeado el mundo en función de sus intereses, creencias y valores. Ahora el Sur Global intenta reinventarlo sobre otros fundamentos.

En fechas previas a la pandemia global y a las guerras en Ucrania y Oriente Medio, teníamos un mundo que afrontaba procesos globales sin mecanismos de gobernanza global; un mundo crecientemente complejo y más replegado y "amurallado", con un multilateralismo en regresión relativa, con grandes transformaciones sociales y transiciones en curso, con grandes contrastes y fracturas sociales, aunque con niveles de bienestar nunca vistos a escala global. Años después, esas tendencias de fondo se han reforzado y muchos procesos se han acelerado.

Algunas constantes históricas siguen presentes: nostalgia imperial de algunas potencias, empeñadas en recuperar sus viejos imperios (como Rusia, China, Turquía o Irán) y otras en no perderlo, (como EEUU), y los efectos de la huella de los viejos imperios europeos, que seguía muy presente en muchos territorios del planeta. Y más allá, unas periferias condicionadas por siglos de modelos extractivos, precario desarrollo institucional y por las presiones y servidumbres del nuevo colonialismo.

América Latina es la región más desigual del mundo. Ámbito de estudio elegido por Daron Acemoglu y James Robinson para explicar *por qué fracasan los países* y la importancia decisiva de las instituciones para reducir la pobreza y garantizar la prosperidad. Todo un subcontinente que intenta con dificultad consolidar sus frágiles democracias y sus desequilibradas economías. Ejemplo de modelos "duales" y precarios, de baja productividad, que expulsa o mantiene en los márgenes de la actividad económica informal a amplios sectores y dificulta el crecimiento de clases medias. La globalización acentuó los procesos de "acumulación por desposesión", como lo define David Harvey, y creó las bases de un modelo dependiente de dinámicas externas, frágil, vulnerable, socio ambientalmente insostenible y muy relacionado con los ciclos económicos globales.

Los modelos extractivos necesariamente generan sociedades muy desiguales. Porque lo fundamental es exportar materias primas para garantizar ingresos. De modo que las personas que viven en cada Estado no solo son en parte prescindibles como mano de obra, dado que se trata de un modelo que no requiere gran volumen de población activa, y mucho menos cualificada, sino que tampoco son necesarios como consumidores. La globalización ha acentuado aún más este modelo dado que ha sido posible importar bienes de consumo baratos lo que ha impedido el desarrollo de modelos industriales. Y este es un círculo vicioso infernal.

Ello explica para América Latina la referencia a metáforas como eterno *mito de Sísifo* o la reiterada alusión a "décadas perdidas". Los intentos de reformas institucionales siempre han encontrado reacciones poderosas de las élites locales y sus aliados, impidiendo cualquier posibilidad de impulsar reformas fiscales robustas.

Es el gran dilema de la reforma tributaria progresiva en regiones con clases medias adelgazadas y élites poderosas contrarias. El contexto geopolítico permitió la gran ola democratizadora desde 1990; avanzaron democracias formales, pero junto a progresos indudables, permanecen las grandes amenazas: corrupción, inseguridad, violencia, falta de esperanza, populismos y retóricas plebiscitarias y poderes ilegítimos que combaten al Estado.

África sigue siendo el continente más pobre, donde la huella de la colonia es más visible y condicionante. Con proyecciones demográficas extraordinarias y buenas perspectivas macroeconómicas, pero con graves problemas de gobernanza y de seguridad que lastran sus capacidades. Hasta el punto de que, como señala el último informe de la Fundación Mo Ibrahim, la evolución de los 54 países muestra una situación de estancamiento desde 2018. Un inmenso continente que sigue esperando las reformas institucionales pendientes, que vive un nuevo tiempo geopolítico definido por su gradual alejamiento de Europa, el acercamiento a China y Rusia y que afronta enormes retos, con el Sahel como foco de tensiones más importante.

El Sahel simboliza el desorden en este tiempo. Es el centro de disputa por recursos estratégicos que para la mayoría de sus gentes constituye una maldición. Representa también la dificultad de convivencia de etnias y religiones diferentes. Pero ¿hubo orden en algún momento anterior? ¿No es la dura herencia de la historia de la colonización europea en un territorio muy condicionado por la geografía? Una mirada a los países que forman parte de esa región (Mauritania, Malí, Níger, Burkina Faso —el Estado más afectado por el terrorismo yihadista—, Chad, Sudán, Eritrea y Etiopía) da una idea de cómo transcurre la vida para la mayoría, de las causas que explican la necesidad de salir de allí, atravesando las rutas de la muerte a través del desierto del Sáhara hacia el Mediterráneo, y de las implicaciones que tiene para una Europa que no puede eludir su responsabilidad histórica, porque esa historia le alcanzará. Precisamente cuando Europa ha sido literalmente "expulsada" de la región, dejando un vacío que ha sido ocupado por China y Rusia.

En uno y otro caso se agolpan preguntas para las que todavía carecemos de respuesta ¿Cómo impulsar procesos de desarrollo sostenidos y sostenibles desde el respeto y sin arrogancia? ¿Por dónde empezar? ¿Es posible impulsar instituciones y economías inclusivas con regímenes autoritarios? ¿Cómo consolidar democracias en contextos profundamente desiguales y cronificados? ¿Puede haber democracia política sin democracia económica y social? ¿Qué vendrá después en los casos de las experiencias ultraliberales y autoritarias? ¿Cómo se puede hablar de democracia en países donde es imposible medir su grado de pobreza o donde en extensas partes de muchos países no hay "señales" de presencia del Estado cuando te alejas apenas unos kilómetros de sus ciudades más importantes? ¿Quién asumirá la factura social y ambiental? ¿Las democracias progresan en estas regiones hacia mayores niveles de madurez o permanecen estancadas o en retroceso? ¿Qué espacio existe para el avance de nuevos despotismos?

Oriente Medio sigue instalado en el caos, el ciclo de violencia infinita, la *guerra eterna* y los intentos de recomposición del islam político. Con gran parte de las petromonarquías del Golfo intentando remodelar ese espacio y su lugar en la geopolítica mundial. Pero la guerra ha detenido los procesos de diálogo entre Israel y algunas monarquías árabes de la zona. La impunidad de Israel está provocando una ola de indignación a escala global contra Occidente que aumenta con el paso del tiempo. La señal que se envía a Oriente Medio y al resto del mundo es todavía más negativa que la enviada con motivo de la invasión de Irak en 2003. La historia en ocasiones ofrece paradojas y puede ocurrir en esta ocasión: Israel puede ganar la guerra, incluso expandirse territorialmente, y sin embargo convertirse en un Estado paria para gran parte de la comunidad internacional y de una opinión pública mundial que se pregunta si puede afirmarse que Israel sigue siendo una democracia homologable.

El Indo-Pacífico es ahora el nuevo centro de gravedad geopolítico y punto de confluencia de intereses estratégicos enfrentados. EEUU procurando consolidar grandes alianzas comerciales y militares y China afianzando un amplio espacio de cooperación con los países de la región. Y en el trasfondo, Corea del Norte y Taiwán, últimos vestigios de la postguerra y de la "Guerra fría" del siglo XX, cuyo potencial desestabilizador puede ser causa de tensiones de consecuencias imprevisibles.

Con "nuevas fronteras" disputadas. Con el Ártico como nuevo espacio codiciado y el expolio de la Amazonía como símbolo de lo que somos capaces de hacer hoy, aunque sea a costa de alterar por completo la vida del mañana. Con buen número de Estados y "regiones fallidas" y nuevas "tierras incógnitas" en diferentes áreas rurales y urbanas, especialmente en América central y el Sahel. Pero hay otros muchos territorios afectados por el desorden, aunque las causas y el contexto sean otros. Son los nuevos espacios en blanco en la cartografía del siglo XXI. Si es que alguna vez no lo fueron.

Un mundo con muchas luces, porque ha contribuido a sacar de la pobreza extrema a centenares de millones de personas en el mundo, y también con sus sombras, puesto que originó un *trilema* irresoluble entre globalización, Estado y democracia, que analizó Dani Rodrik anticipando sus consecuencias, y provocó grandes desacoplamientos en las estructuras políticas y socioeconómicas con gran impacto en Occidente. Muy especialmente los siguientes: entre sistema financiero y economía real; entre crecimiento y desarrollo; entre crecimiento e igualdad; entre Estados y mercados; entre el trabajo como recurso global y mercados de trabajo que siguen siendo locales, y entre empresas y territorios.

Un mundo que anuncia cambios profundos, cierta sensación de desorden y actores y espacios geopolíticos en recomposición. Un mundo "sin centro" que no puede reducirse a una mera pugna entre EEUU y China, a modo de nueva etapa bipolar, ni siquiera de dos grandes bloques, sino un mundo en el que muchos países emergentes y potencias intermedias reclaman espacio propio y una nueva distribución de un poder que desde hace décadas ya tienen que disputar y compartir con otros actores económicos globales. En especial con los nuevos imperios digitales del siglo XXI. La gran Recesión de 2008, la pandemia global y las guerras en Ucrania y Oriente Medio, han acelerado tendencias que se remontan a los años ochenta del siglo XX, acentuado procesos, provocado nuevas fracturas y desajustes e impulsado nuevas aspiraciones de recomposición del orden geopolítico.

2. Hacia la recomposición del orden global

Hemos entrado en un momento de inflexión geopolítica de imprevisibles consecuencias. Mediada la tercera década del siglo XXI, las guerras, ahora más asimétricas, con mayor financiación, más tecnificadas de la mano de las nuevas tecnologías y más híbridas, casi siempre tienen su base en las causas de siempre (áreas de influencia, territorio, disputa por recursos, etnias, religiones…). En muchos casos con presencia de varios de estos elementos a la vez, y casi siempre con la sombra de la historia del siglo XX, y sus cicatrices, proyectándose sobre el presente.

En este contexto, que lo impregna casi todo y condiciona la posición de muchos actores geopolíticos, aunque desconocemos el desenlace, es donde unos se resisten a perder influencia e incluso la hegemonía, otros aspiran a recuperar el poder y la influencia perdidos en el siglo XVIII, algunos desearían reconstruir viejos imperios que ya solo existen en su imaginación, un creciente número de países medianos procura buscar espacios desde un pragmatismo estratégico cada vez más difícil de mantener...y Europa sigue atrapada en su laberinto, sin encontrar la salida y sin saber muy bien cuál es su lugar en este nuevo tiempo post-occidental.

De entre todos los elementos que definen este proceso de recomposición del orden geopolítico global, de forma resumida podrían destacarse los cinco siguientes.

Primero. EEUU ha transitado en las últimas décadas desde el síndrome de Hýbris, en especial tras la implosión de la URRSS, cuando pensó que quedaría en solitario como imperio hegemónico, "nación indispensable" "constructor de naciones" y "exportador" de la democracia, a un realismo multipolar en el que ha de asumir el protagonismo de otros actores globales y regionales que prefieren y explicitan otro nivel de interlocución y de asociación. Pero su capacidad económica y tecnológica, así como su influencia cultural, son enormes. Su supremacía militar es inigualable y su autonomía energética le proporciona un margen de maniobra que ninguna otra potencia tiene.

Desde la administración Obama su prioridad ha pasado a ser la región de Asia-Pacífico, potenciando la cooperación con países aliados (Japón, Corea del Sur, Taiwán, Filipinas, Australia, Nueva Zelanda) y situando a China como principal rival geopolítico, geoestratégico y tecnológico. Una rivalidad que se ha acentuado durante la administración Biden, imponiendo barreras proteccionistas *(Inflation Reduction Act de 2022)*, restricciones a la exportación impuestas por Estados Unidos en el sector tecnológico, aranceles a la presencia de bienes de producción china en EEUU y prohibiendo la instalación de software chino o ruso en automóviles, alegando motivos de seguridad nacional.

Abandonó su presencia en Afganistán y avanzó la exigencia de que Europa se hiciese corresponsable en mayor grado de los gastos de mantenimiento de la OTAN. Durante el primer mandato de la presidencia de Trump se impulsó una nueva hoja de ruta para Oriente Medio, centrada en la consecución de acuerdos entre algunos países árabes suníes e Israel (los llamados *Acuerdos de Abraham* de 2020, más tarde ampliados a Marruecos), acuerdos que se han mantenido durante la presidencia Biden, ignorando el problema palestino y el cumplimiento los acuerdos y resoluciones en favor de la causa de ese pueblo.

Las guerras en Ucrania y en Oriente Medio han alterado la situación. Afianza de nuevo su presencia en Europa como alternativa a Rusia en el suministro de energía y gasto en armamento, se ha visto obligado a regresar a Oriente Medio y se ha detenido el desarrollo de los acuerdos de Abraham. Pero las guerras han tenido otras muchas implicaciones: se han detenido las conversaciones entre parte del mundo árabe e Israel; ha debilitado su capacidad de interlocución y de mediación, debido al apoyo incondicional prestado a Israel en su operación "borrado" de Gaza y de agresión militar a otros países de la zona tras la brutal respuesta al brutal atentado terrorista de Hamás el 7 de octubre de 2023; ha aumentado su presencia en África (en especial en Sahel y Grandes Lagos) ante la "ausencia" de Europa y la creciente presencia de Rusia y China; y hasta el atentado de Hamás del 7 de octubre de 2023, intentaba afianzar el corredor económico India-Oriente Medio-Europa, con India como protagonista y gran actor que busca sus propios intereses y un equilibrio entre China, Rusia y Occidente, pero contando también con Arabia Saudita y el concurso de Israel para impulsar una hoja de ruta que el propio Netanyahu definió como la "bendición", frente a la "maldición" representada por Irán y sus aliados chiitas.

El segundo mandato de Trump que se inicia en 2025, las posibles repercusiones de sus anuncios aislacionistas y proteccionistas, sus anuncios respecto al papel de la OTAN, la posición que pueda adoptar en los grandes conflictos y la influencia que puede tener en el avance de los movimientos libertarios, son todavía una incógnita. Pero no auguran nada bueno, en especial para Europa.

Segundo. El "retorno" de China es, como antes se dijo, el mayor acontecimiento geopolítico y geoestratégico del siglo XXI hasta el momento. Representa el triunfo del poder blando y la paciencia estratégica de un Estado-civilización, el viejo "Imperio del Centro", un "hegemón en espera". Hace décadas que decidió dejar de ser espectadora de la historia para convertirse en protagonista en el siglo XXI. Hace tiempo que dejó de ser el músculo del mundo para ser también cerebro. Y ahora también brazo armado. Aguarda con paciencia su cita con la historia en 2049, centenario de la revolución de Mao Zedong. Pero todavía afronta retos y obstáculos internos muy importantes, pese a los enormes logros socioeconómicos y geopolíticos alcanzados desde 2001 hasta la pandemia global.

La estrategia de los 28 caracteres de Deng Xiaoping está en la base del milagro: "*Observar con calma, asegurar nuestra posición, hacer frente a los asuntos con tranquilidad, ocultar nuestras capacidades y esperar el momento oportuno, ser bueno en mantener un perfil bajo, nunca liderar la reivindicación, llevar a cabo operaciones de carácter modesto*". Una estrategia global fundamentada durante largo tiempo en dos ideas: reforzar la cooperación Sur-Sur y respeto a su doctrina basada en cinco principios básicos: respeto mutuo de la soberanía e integridad territorial; no agresión; no injerencia; igualdad y beneficio mutuo, y coexistencia pacífica.

El balance ha sido espectacular. En el plano interior, casi cuatrocientos millones de activos urbanos, decenas de millones de personas sacadas de la pobreza, crecimiento de una nueva clase media (una sociedad "modestamente acomodada"), el país que ha atraído mayor nivel de inversión exterior, gran esfuerzo en formación e incremento de exportaciones con valor añadido. En el plano exterior, multiplicó por cuarenta sus inversiones en el extranjero desde 2009, es el país con mayor presencia en buena parte de África y de América Latina, ha impulsado su proyecto geopolítico más ambicioso, la *Ruta de la Seda*, y recientemente ha reforzado su control sobre las tierras raras, esenciales para el desarrollo de nuevas tecnologías.

Desde 2013, el nuevo impulso liderado por su actual presidente Xi Jinping reforzó su mayor protagonismo internacional. Pero hay que distinguir dos etapas: el periodo 2013 hasta la pandemia global y los años posteriores donde claramente se aprecian dificultades crecientes. En cualquier caso, las grandes líneas estratégicas vienen marcadas por un papel mucho más asertivo como actor geopolítico global, un alineamiento con Rusia en el plano exterior y un despliegue espectacular en al ámbito de la cooperación con América Latina y África. Sirva como ejemplo la última convocatoria en Pekín del Foro de Cooperación China-África en septiembre de 2024, que contó con la representación de 52 países africanos.

La importante *declaración conjunta de la Federación Rusa y de la República Popular China,* de 4 de febrero de 2022, supone toda una declaración de principios sobre la intención de impulsar un nuevo orden mundial basado en la multipolaridad, la defensa de una nueva redistribución del poder, una crítica a la visión del mundo impuesta por Occidente y una forma de entender la cooperación, la integridad territorial, la seguridad, la injerencia, la defensa e incluso la democracia. *"Se están produciendo cambios que no hemos visto en cien años"*, comentó Xi Jinping a su homólogo Vladimir Putin. La paradoja es que el 22 de ese mismo mes Rusia invadía Ucrania.

Tercero. Rusia intenta recomponer su antiguo imperio y liderar su oposición a sus dos grandes adversarios: Occidente y la democracia liberal. Ya lo anticipó el presidente Putin en su importante discurso pronunciado en 2007 en la 43ª Asamblea de la Conferencia de Seguridad de Múnich. Discurso al que Occidente no prestó la debida atención.

Economía mediana y muy dependiente de la exportación de hidrocarburos, es una gran potencia nuclear. Rusia sigue prisionera de un "miedo histórico", acomplejada, humillada y resentida, se resiste a ser considerada "potencia regional", como la definió en su día el presidente Obama. Con dificultades para gestionar un vasto territorio y las tensiones provocadas en sus periferias, en especial el Cáucaso y Ucrania. Intenta reconstruir por la fuerza un pasado imposible, un "mundo ruso", aspirando a enlazar con la época dorada del imperio hegemónico de Catalina la Grande de Rusia.

La invasión de Ucrania en febrero de 2022 marca un antes y un después en las relaciones de Rusia con Europa. Rusia se aleja de Occidente y mira hacia el Este. Ucrania, por el contrario, mira hacia la Unión Europa. Además de asistir a una invasión irracional y devastadora, asistimos también a una gran confrontación ideológica en el primer tablero de la geopolítica mundial. Entre las democracias liberales y los nuevos despotismos del siglo XXI, en acertada definición de John Keane. Un gran combate que desde hace un tiempo impulsan y teorizan, entre otros, China y Rusia. Ambos países (y sus aliados) coinciden en un punto: pasar cuentas a Occidente por lo que consideran humillaciones causadas en el pasado. También comparten un objetivo: modificar el orden liberal nacido en 1945 y cuestionar nuestras democracias y nuestro modelo social. Esta es la gran cuestión de fondo que ahora se dirime.

La situación de Ucrania podría explicarse a partir de la idea de debilidad. Debilidad de Rusia a partir de 1991, debilidad, aparente, de Occidente en el momento actual. Eso explicaría desde 1991 hasta 2014 el avance innecesario de la OTAN hasta las fronteras de Rusia, aprovechando la debilidad y la irrelevancia geopolítica de ese país tras la implosión de la URSS, y el avance actual de Rusia en 2022 hasta las fronteras de la Unión Europea, creyendo que Occidente atraviesa por un momento de debilidad.

La guerra tendrá consecuencias. También para los países de la Unión Europea y todavía es pronto para evaluar la profundidad de sus efectos. Las heridas de la guerra y la ocupación por el ejército ruso ya serán imborrables y perdurarán durante generaciones. Como perdura en la memoria colectiva de millones de ucranianos el horror del Holodomor causado por Stalin o la posterior invasión por las tropas de Hitler.

Hasta ahora, Rusia ha conseguido lo contrario de lo que perseguía, pero también ha conseguido progresos como actor geopolítico y ha evidenciado además la compleja realidad del mapa actual, cuando otros actores se han visto en la necesidad de posicionarse ante la guerra en Ucrania.

Entre los reveses pueden destacarse cinco: en primer lugar, frente a la idea de una "finlandización" de esa parte de Europa (creación de un glacis geopolítico neutral entre Rusia y la Unión Europea), la OTAN ha encontrado una nueva razón existencial, se ha reforzado incrementando los gastos en defensa y ha incorporado nuevos miembros, cuando poco antes de la invasión de Ucrania el propio presidente Macron declaraba que la OTAN se encontraba en "muerte cerebral". En segundo lugar, la Unión Europea ha cortado su dependencia energética de Rusia. En tercer lugar, la transformación de su presupuesto en una economía de guerra (téngase en cuenta que Rusia tiene un PIB similar al de Italia), más las sanciones y el embargo impuestas por Occidente, han tenido costes económicos y sociales, si bien en menor grado de lo anunciado, puesto que ha sido capaz de reducir su impacto, mirando hacia el Indo-Pacífico en su estrategia energética (China e India, sobre todo). En cuarto lugar, ha provocado el basculamiento europeo hacia la frontera de Rusia y resta por ver si el "retorno" de EEUU a esta parte de Europa se mantendrá con la nueva administración Trump y cuál será el devenir de la guerra y el futuro de Ucrania. Finalmente, la guerra ha conseguido unificar el sentimiento nacional del pueblo de Ucrania. Hasta el punto de que febrero de 2022 podría decirse que ha supuesto la fecha de afirmación de una identidad nacional fuerte que hasta ese momento evidenciaba dificultades para conseguir esa unión entre las distintas Ucranias existentes.

Entre los progresos cabe enumerar cuatro: en primer lugar, la guerra ha reforzado el sentimiento nacional ruso y el grado de apoyo y aceptación del presidente Putin. En segundo lugar, ha contribuido a construir un relato contra "Occidente" y contra la democracia liberal, apoyado por China y por una parte importante de países del Sur Global. En tercer lugar, Rusia ha recuperado protagonismo y ha vuelto a convertirse en interlocutor geopolítico y no en mera "potencia regional". Finalmente, ha consolidado, junto a China, su presencia en África y fortalecido sus relaciones en Eurasia y el Indo-Pacífico.

Tiempo habrá para analizar los errores cometidos por Occidente desde 1989 y la actitud entre ingenua e indolente de una Unión Europea que durante demasiado tiempo se ha sentido cómoda, contando con la garantía de defensa de EEUU y con energía barata procedente de Rusia. Ahora la situación es muy distinta y es el momento de que Europa demuestre cohesión, unidad y determinación. Y haga entender, con hechos, que poder blando, que es nuestra forma de ver el mundo y de estar en él, no es sinónimo de debilidad. Si los adversarios de la democracia aprecian más signos de debilidad o de división, Occidente puede entrar en problemas de todo tipo. Estamos ante un punto de inflexión en nuestra historia reciente que trasciende con mucho a la propia invasión de Ucrania.

Cuarto. Han regresado los muros. No solo los metafóricos y los que remiten a repliegues identitarios o culturales, sino muros reales en forma de prácticas proteccionistas y aranceles a la importación. La globalización ha entrado en una nueva fase desde la Gran Recesión de 2008 y especialmente desde la gran pandemia. Y aunque es pronto para anunciar el final del modelo de globalización neoliberal, ya disponemos de información suficiente para afirmar que la fase de deslocalización de actividades desde Occidente ha dado paso a nuevas estrategias de reindustrialización, de acortamiento de las cadenas de valor y de cooperación más regionalizada entre países más afines. La autonomía estratégica, la transición energética, y la innovación son los vectores que impulsan gobiernos y parlamentos occidentales. Los términos más usados ahora son: r*eshoring, nearshoring, friendshoring* o *de-risking.*

La discusión sobre los riesgos que entraña el proteccionismo económico ha vuelto a universidades y parlamentos y hay visiones muy distintas al respecto. A finales de 2024 la misma Directora general de la OMC, Doctora Ngozy Okonio-Iweala sostenía, no sin razón, que "... *el proteccionismo amenaza con deshacer 30 años de progreso en la reducción de las brechas de ingresos entre los países pobres y ricos. La renta per cápita en los países pobres casi se triplicó entre la creación de la OMC en 1995 y 2023*". Expertos académicos alertan de los riesgos que entraña la subida de aranceles a la importación, por el incremento de precios, el aumento de la inflación y, en consecuencia, la pérdida de ingresos reales que afectaría más a la población más pobre.

Pero el anuncio de la administración Trump de revisar las reglas del libre comercio y de aplicar elevados aranceles a la importación, abre una nueva etapa llena de incógnitas y riesgos de tensiones geopolíticas no solo con respecto China, su rival estratégico, sino con respecto a la propia Unión Europea. De otra parte, las tensiones sociales y las presiones a los distintos parlamentos europeos en favor de medidas proteccionistas, también pueden conseguir paralizar y revisar acuerdos comerciales en vigor o pendientes de aprobación con terceros países del Sur Global. El acuerdo entre la Unión Europea y Mercosur, pendiente de aprobación por los respectivos parlamentos europeos, puede ser la prueba que indique el camino que la propia Unión Europea quiere seguir. Estamos a las puertas de decisiones que tienen una enorme dimensión geopolítica, económica y social. Se puede iniciar una espiral de consecuencias imprevisibles. Y la historia nos enseña que las tentaciones proteccionistas nunca han traído buenas noticias para el mundo.

Quinto. El Sur Global se aleja de Occidente y busca sus propias estrategias en función de sus intereses. Se afianza otra visión del mundo post-occidental liderada por China y Rusia, junto a otras potencias emergentes como Turquía, India, Arabia Saudí, Irán, Brasil, Nigeria, Indonesia…No solo se alejan sus gobiernos, sino sus opiniones públicas, como han reflejado trabajos de Timothy Garton Ash, Ivan Krastev y Marc Leonard, elaborados un año después de la invasión de Ucrania por Rusia con el expresivo título de *"Occidente unido, separado del resto"*.

El Sur Global profundiza en el diálogo Sur-Sur y explora iniciativas de cooperación regional en los distintos continentes desde hace años. La creación de los BRICS en 2010 (Brasil, Rusia, China, India y Sudáfrica), como contrapeso al orden mundial moldeado por Occidente, y los acuerdos de ampliación adoptados en la XVI Cumbre celebrada en Kazán en octubre de 2024 (Egipto, Irán, los Emiratos Árabes Unidos y Etiopía, más una veintena de otros Estados invitados como observadores) son muestra de que el mundo está cambiando y no necesita a

Occidente para hacerlo. Y mucho menos a Europa. En la actualidad, los BRICS representan casi la mitad de la población y algo más del 30% del PIB mundial.

Se percibe una clara distancia entre un "Occidente+", partidario de "ganar" la guerra en Ucrania y apoyar solo a Israel y otras potencias partidarias de "acabar" la guerra y que apuestan por el reconocimiento como Estados de Israel y Palestina. La impunidad de Israel está provocando una ola de indignación a escala global contra EEUU y Occidente que aumenta con el paso del tiempo.

Algunos datos recientes corroboran esta distancia. En febrero de 2023, con motivo de la votación de la resolución sobre la condena a Rusia por la invasión de Ucrania en Naciones Unidas, los países que no condenaron explícitamente a Rusia representaban más de la mitad de la población mundial. En la Cumbre de ministros de finanzas y Bancos Centrales del G-20, celebrada en Bangalore (febrero de 2023), no fue posible alcanzar una resolución consensuada de condena a Rusia. En la reunión de ministros de Exteriores del G-20 en Nueva Delhi (marzo de 2023) se evidenció un claro desacuerdo para aprobar una condena a Rusia por la invasión de Ucrania. En la reunión del G-20 en India (9-10 de septiembre de 2023), Occidente constató de nuevo esa falta de consenso para condenar a Rusia. Las tensiones geopolíticas impidieron que el FMI pudiera pactar un comunicado para cerrar sus reuniones anuales en Marrakech en octubre de 2023. Con ocasión de guerra en Oriente Medio, la Cumbre por la paz celebrada en El Cairo (21 de octubre de 2023) finalizó sin acuerdo.

Mientras tanto, el líder de Occidente persiste en la aplicación de dobles raseros tan anacrónicos como insostenibles. Por ejemplo, en la votación (por trigésima vez) de la Asamblea General de la ONU sobre la necesidad de poner fin al embargo económico, comercial y financiero impuesto por Estados Unidos contra Cuba (2 de noviembre de 2023): 187 votos a favor, 2 en contra (EEUU e Israel) y 1 abstención (Ucrania). O con motivo del reconocimiento de Palestina como Estado, donde la mayor parte del Occidente +, salvo honrosas excepciones en Europa, solo reconocen al Estado de Israel.

No ha habido cambios hasta ahora. Son señales más que suficientes para constatar cuatro tendencias: la existencia de un amplio grupo de países no alineados (unos 30 países que representan en torno al 45% de la población mundial y casi el 20% del PIB), situados en la "zona gris" entre las dos superpotencias, amparados en su pragmatismo geopolítico; la presencia incontestable y la capacidad de convocatoria de países como China en el seno del llamado Sur Global o G-77; la transición hacia un escenario postcolonial, y la necesidad de Occidente de adaptarse a una nueva situación que obliga a compartir poder y nuevas estrategias globales.

Se hace también visible la doble paradoja europea: más unida, pero más aislada en el contexto global y más unida pero más dependiente de EEUU que antes de la guerra en Ucrania. Pero el conflicto en Oriente Medio de nuevo nos ha devuelto a nuestra dramática realidad, escenificando la profunda división europea cada vez que ha tenido que manifestar su posición en votaciones, tanto en Naciones Unidas como en el seno del propio Consejo Europeo.

Una Europa, definida como *poder blando*, "subalterno" como actor geopolítico, que todavía ha de encontrar su propia hoja de ruta. Tablero geopolítico de otros jugadores. Espectadora de lo que sucede en la propia Europa y en sus dos grandes "fronteras". Gran beneficiaria de los efectos de la Guerra Fría y de las décadas de paz. Gran potencia económica que pierde peso relativo con respecto a EEUU. En proceso de empobrecimiento relativo de amplias capas sociales. Incapaz de consolidar políticas comunes que hicieran compatible sus compromisos con los aliados tradicionales con su propia autonomía estratégica. Incapaz igualmente de hacer frente al "naufragio moral" que se manifiesta como reflujo de la colonización, con Lampedusa o Canarias como símbolos. Y con "soluciones innovadoras", financiando nuevos campos de "acogida" de inmigrantes situados en la periferia europea, como paradigma de indignidad y abandono de toda idea de fraternidad.

3. Europa en un mundo post-europeo

Europa afronta la situación más compleja en su momento de mayor debilidad. Tal vez desde su creación en 1958. Las urgencias y las evidencias se acumulan, los informes alertan de la situación en la que nos encontramos y de las decisiones que habría que tomar, pero la visión a largo plazo se pospone *sine die*. Sus dos grandes motores políticos, Francia y Alemania, atraviesan momentos de gran debilidad e incertidumbre. No es exagerado afirmar que estamos ante una crisis existencial que puede incluso poner en riesgo el propio proyecto político si no se cambia de rumbo.

Nuestro Modelo Social se debilita y se fragmenta. Nuestras democracias se deterioran y se erosionan desde dentro. En sus fronteras Este y Sur nos interpelan, nos censuran, nos piden nuevos enfoques en materia de cooperación o de gestión de la inmigración. Hay conflictos que nos conciernen, siquiera sea porque son parte de nuestra historia pasada, pero no queremos aceptarlo. Nos miran desde Gaza y Cisjordania, Líbano y Siria, desde Sudán, desde el Sahel o desde la República Democrática del Congo. Algunos incluso ya han desistido. Aunque fueran colonias europeas hasta casi los años sesenta del siglo XX en muchos casos. Aunque se pronuncie la Corte Penal Internacional. Y el pueblo de Ucrania, lo que quede de Ucrania, también nos juzgará. Pero es como si no fuera con nosotros. Seguimos enterrando la cabeza en la arena, aplicamos dobles raseros para problemas similares, demostramos que nuestros valores cuentan menos que nuestros intereses, o más bien los intereses de nuestro gran aliado, y seguimos debatiéndonos entre ampliación o profundización, entre refundación o regresión.

Casi setenta años después del inicio de un proyecto político tan original como exitoso, Europa navega a la deriva. Constatamos nuestros problemas de liderazgo, de diseño y de motor, de coherencia en política exterior y de decepción y desconfianza de un Sur Global que se aleja de nosotros y que encuentra acomodo en iniciativas, como la de los BRICS+, que se reafirman como contrapeso al orden global moldeado por Occidente. Seguimos sin encontrar respuestas comunes a nuestros retos comunes.

La Unión Europea está obligada a salir de su ensimismamiento y su parálisis y recuperar el rumbo de su propio destino. Hace décadas que debió haberlo hecho, y ahora con mayor urgencia tras el regreso a la presidencia de Estados Unidos de un Donald Trump cuyas decisiones sin duda van a tener notables repercusiones en el plano político y en el geopolítico. De una parte, en el terreno comercial, de seguridad y defensa (conviene recordar que el ahora presidente de EEUU nos definió públicamente como *"una pequeña China, bueno no tan pequeña, formada por un conjunto de Estados pequeñitos…"*). Y de otra, por la capacidad de irradiación y de reforzamiento que puede tener el movimiento MAGA (el principal movimiento nacional-populista en Occidente) sobre los partidos populistas europeos, así como sobre el futuro de la agenda europea.

Desde la década de los noventa del siglo pasado el proyecto político europeo quedó sólidamente anclado a la hoja de ruta neoliberal. El Tratado de Maastricht fue la mejor plasmación de ese pensamiento y probablemente también su mayor éxito, junto con la incorporación de China a la OMC en diciembre de 2001. Una hoja de ruta neoliberal que ha erosionado seriamente el Estado de Bienestar, nuestro elemento central de legitimación política, y que desencadenó procesos que afectan a amplios sectores más sobreexpuestos a las consecuencias negativas de la globalización económica.

En el plano de la Europa política, reduciendo el protagonismo de la esfera pública y socavando las bases del consenso keynesiano en favor de lo que Ulrich Beck definió como la economía política de la desigualdad. La consecuencia ha sido la desindustrialización de muchas regiones, el empobrecimiento de millones de agricultores, convertidos en asalariados en sus propias explotaciones y al servicio de los nuevos mercaderes globales, y la pérdida de rentas, y de esperanza, del nuevo proletariado de servicios; el precariado del que nos habla Guy Standing. Un proceso continuado de adelgazamiento de las clases medias y el desarrollo de un notable sentimiento de inseguridad económica, emocional e identitaria de millones de europeos que viven en periferias reales y simbólicas de un sistema que consideran crecientemente desigual e injusto.

Viene de lejos y no cabe alegar desconocimiento. Ulrich Beck ya hablaba de la "revuelta de los superfluos" en 2005. En realidad, hace casi cuarenta años que se puso en marcha un 'descensor social' en Occidente, que se aceleró desde inicios del siglo XXI con la incorporación de China a la Organización Mundial de Comercio en 2001.

Las élites se separaron de las democracias de masas. Los Estados quedaron pequeños para mercados que pensaban y explotaban a escala global. El trabajo se convirtió en un recurso global, pero los mercados de trabajo siguieron siendo locales. Ese es uno de los grandes desacoplamientos que provocó la globalización desregulada y sin contrapesos. Y aquella agenda, junto a los cambios tecnológicos, sirvió para mejorar la vida de millones de personas en muchas partes del mundo, no solo en el Pacífico, pero afectó de forma negativa a amplias capas de las sociedades occidentales. Branco Milanovic lo resumió muy bien en su conocida "curva del elefante", demostrando cómo entre 1988 y 2008 las sociedades occidentales fueron perjudicadas por los efectos de la globalización.

Las élites abandonaron la "resignación reformadora" del siglo XX de la que habló Pierre Rosanvallon o el "reformismo del miedo" al que aludía Josep Fontana, en cuanto cayó el muro de Berlín y la hoja de ruta neoliberal pudo superar y eludir la capacidad de los parlamentos nacionales para controlar y regular. El poder cambió de lado de la mesa; también el miedo. Lo cierto es que hace décadas que la Cuestión Social, con mayúsculas, regresó a nuestras sociedades occidentales y merece toda la atención, porque en afirmación de Tony Judt *"como sabían muy bien los grandes reformadores del siglo XIX, la Cuestión*

Social, si no se aborda, no desaparece. Por el contrario, va en busca de respuestas más radicales".

Secesión de los ricos, concentración de renta y riqueza, expulsión hacia abajo y hacia los márgenes, aumento de las desigualdades, nueva pobreza y exclusión social, impotencia o inacción de gobiernos y parlamentos. Esta es nuestra ecuación y no deben sorprender los resultados electorales. Nuestra estructura social se parece a una torre Eiffel, pero con una base más ancha y a una torre Eiffel invertida si atendemos a la concentración de renta y riqueza en un reducido grupo del 10 % en la cúpula.

Sabemos que la desigualdad es muy corrosiva y tóxica para la democracia, porque alimenta la desconfianza, la desesperanza, la desconfianza, la desafección política y las tentaciones de repliegue. Y el repliegue remite a la construcción de muros, reales o metafóricos. A que prosperen falsas narrativas nostálgicas de retorno al Estado, de proteccionismo económico y de erosión del proyecto político común.

No es solo la economía o la escasa movilidad social lo que explica el malestar actual. Lo explica muy bien Fukuyama en su obra *"Identidades"* y también lo han subrayado Ivan Krastev y Stephen Holmes en su trabajo *"La luz que se apaga"*: la inmigración percibida como problema, la brecha cultural entre comunidades, el temor a la destrucción de la comunidad y la identidad nacional, la sensación de ser mayorías amenazadas en su propio país, el choque de solidaridades y el temor a la privación relativa, la percepción de riesgo de desintegración del nosotros, el fracaso de los modelos de gestión de la multiculturalidad, cierta sensación de que los valores genuinos de una Europa que ya no existe ya no los representa la "vieja" Europa occidental, sino la nueva Europa oriental …y tantas otras cuestiones que no solo explican el malestar, sino que pueden erosionar como nunca antes el propio proyecto político europeo.

La rebelión de los lugares y las personas que no importan, la nueva geografía política del resentimiento y el nuevo mapa electoral europeo se inscriben en este contexto de incertidumbre radical: expresan miedo a los cambios, desconfianza en la política, en las instituciones y en los partidos tradicionales, desesperanza y descontento de quienes se sienten políticamente huérfanos y perdedores de un modelo de globalización, ahora en crisis.

Cuando una parte muy significativa de la ciudadanía europea percibe que las cosas están mal es porque para ellos están mal. Aunque la macroeconomía vaya bien. Y así lo expresa en las urnas desde hace décadas en cada ocasión que ha tenido. También lo han expresado en las calles. Sin duda, la mejor muestra del malestar difuso ha sido el resultado de las últimas elecciones europeas y el avance sin precedentes desde la segunda guerra mundial de partidos populistas y de extrema derecha.

A la secesión de las élites y su forma de entender la globalización, le ha sucedido la revuelta contra todo aquello que represente el sistema. Contra las élites, contra la Unión Europea, contra los partidos tradicionales, contra los medios de comunicación, contra los expertos, contra las universidades. Se ha formado un amplio conglomerado de ciudadanos que no confía en que el sistema se ocupe de ellos y "recupere el control" de la soberanía de sus respectivos países. Las fracturas sociales se han transformado en fragmentación y riesgo de desintegración política. Y en este contexto incierto las propuestas populistas encuentran amplios apoyos entre los que se sienten perdedores de la globalización.

Los perdedores votan patriotismo, decía Antón Costas hace ya una década. En especial en estos tiempos de incertidumbre radical en los que confluyen tres dinámicas que no presagian nada bueno: enriquecimiento excesivo de unos pocos, empobrecimiento de las clases populares y consolidación de elites globales, separadas del resto, que controlan todo el poder. Es muy urgente ocuparse de las causas del malestar que se ha instalado en lo más profundo de nuestras sociedades, porque no va a desaparecer, irá en busca de soluciones más radicales.

El adelgazamiento de la parte central de las sociedades se ha traducido en el adelgazamiento de los partidos tradicionales de centro-derecha y centro-izquierda. Y hay millones de ciudadanos crecientemente alejados de sus representantes políticos tradicionales porque tienen la sensación de que el sistema democrático no les representa de forma adecuada. Los tiempos han cambiado. Ha cambiado la capacidad del Estado 'soberano' para formular políticas y ha cambiado la sociedad. La lealtad del electorado europeo se ha modificado a la par que se ha modificado la estructura social y los partidos tradicionales ya no cuentan con "bases naturales".

En menos de una década han aparecido casi 30 nuevos partidos nacional-populistas que ocupan el vacío político que han dejado otros. Ahí va a parar una parte significativa del voto obrero y de jóvenes de menos de 30 años. Y el malestar, la ira, la frustración o la desafección no van a desaparecer con llamadas a la creación de cordones sanitarios, sino con políticas públicas concretas. Empezando por combatir las desigualdades, fuente de buena parte de nuestros miedos e incertidumbres.

Han regresado las banderas. Hace décadas que no se había visto ondear tantas banderas en Europa. Banderas que se exhiben, que se esgrimen, casi siempre contra algo y casi siempre contra alguien. Y la historia de la vieja Europa nos ha enseñado que cuando los nacionalismos alzan la voz, cuando hay demasiadas banderas, el discurso del odio gana adeptos, la convivencia se enrarece y la cohesión social y la democracia representativa de debilitan.

Es el relato patriótico que reclama la vuelta al Estado-nación, los muros metafóricos y reales, el capitalismo libertario y los valores preilustrados. Narrativa muy peligrosa porque, a diferencia de los grandes imperios, Estados Unidos y China, conviene recordar la acertada observación de Emilio Lamo: en la Unión Europea hay Estados que son pequeños y Estados que todavía no saben que son pequeños.

Y en el plano de la Europa geopolítica, el huracán que se han desatado en EEUU, además de su potencial desestabilizador global, se desplaza hacia el Atlántico, amenazando con afectar a una Europa que además se enfrenta a dos test de resistencia decisivos, precisamente en sus dos motores principales: elecciones federales en Alemania en 2025 y elecciones presidenciales en Francia en 2027, o tal vez mucho antes.

En definitiva, bastante Europa, pero poca Unión Europea. Bastantes, aunque insuficientes medios, pero pocos fines. Una Europa política ensimismada, burocrática, socialmente fracturada y políticamente basculada hacia la derecha y la extrema derecha. Que se debate entre ampliación, profundización, reconstitución o incluso la posibilidad de desandar parte del camino. Que ha de decidir si quiere ser mucho más que un mercado único y abordar nuestras debilidades estructurales, como subrayan los informes de Enrico Letta y Mario Draghi. Y una Europa geopolítica débil, insegura, subalterna, dependiente, vulnerable, irrelevante, ausente de grandes conflictos y dividida. Y ya conocen la afirmación: en geopolítica, si no estás sentado en la mesa es porque formas parte del menú.

Estos son nuestros grandes retos en la Europa de un presente enturbiado por grandes amenazas, además de aquellas que suponen un riesgo, literalmente existencial: el cambio climático y la inteligencia artificial. Una de estas amenazas está muy próxima: una gran guerra en territorio europeo. Otras guerras, Gaza como ejemplo más dramático, nos avergüenzan a muchos ante el silencio cómplice de una Europa mal acostumbrada a aplicar un doble rasero intolerable. Y en nuestra frontera Sur, el naufragio moral, del que advierten desde hace años Javier de Lucas y Sami Naïr, tal vez ya sea irremediable.

Retos, riesgos y amenazas que tampoco podemos afrontar por separado. Y todo ello urge revisarlo, en especial después del resultado de las elecciones presidenciales de Estados Unidos en 2024. Porque venimos obligados a ocuparnos de ello. Porque nuestros intereses no siempre coinciden. Porque si no somos capaces de ocuparnos de nuestro propio destino otros escribirán nuestra historia.

¿Cuál es hoy el proyecto político europeo? Difícil de responder. El hilo con el que se tejió la Europa política se ha desgastado con el tiempo. Se produjo un gran roto en el Reino Unido, se ha desgastado mucho en Polonia y Hungría y pueden saltar las costuras en Rumanía. Varias crisis superpuestas. Demasiada indecisión y fragmentación. Ausencia de liderazgos. Crisis e incertidumbre en Alemania y Francia. Incapaz de pronunciarse como actor político con una sola voz. Creciente distancia política y cultural entre los Estados miembros. Mucho malestar difuso y pérdida de confianza en el proyecto común.

No se aprecia un cambio de rumbo claro y consistente. Y para recuperar la confianza ciudadana no basta con poner 'líneas rojas' a los partidos nacional-populistas en presidencias

y comisiones. Se echan de menos referencias
más claras a esta cuestión fundamental, tanto
en el programa de gobierno de la propia UE
como en muchos países miembro. A la necesidad de reconstruir el proyecto europeo sobre
fundamentos sociales más sólidos. Los campos
de discusión decisivos, más allá de su positi-
vo anuncio sobre un programa de apoyo a la
vivienda asequible, tienen que ver con la discusión en torno al concepto de soberanía, la
igualdad, con el papel de los poderes públicos, con la fiscalidad progresiva, con la redistribución de la riqueza, con la justicia social,
territorial y ambiental, con la autonomía de la
política y con la necesidad de dar esperanza a
millones de europeos. Parece un programa más
reactivo y defensivo que propositivo que, en lo
básico, sigue siendo de orientación neoliberal y
crecientemente militarista.

Necesitamos una legitimación de urgencia
fortaleciendo el Estado de Bienestar como base

de un contrato social renovado. Empezando por ocuparse de las desigualdades crecientes. Sin Europa social no hay Europa política, y sin Europa política es imposible consolidar una Europa geopolítica con autonomía y voz propia. Pero la composición del nuevo Parlamento europeo, de un nuevo Consejo que ha desplazado su poder hacia la frontera Este y de una nueva Comisión que ahora incorpora más representantes euroescépticos y de la extrema derecha, no invitan al optimismo. Se mantendrá la hoja de ruta neoliberal y la cuestión social no está entre sus grandes prioridades.

Sin reforzar el pilar social no hay Europa política. Y sin Europa política es imposible que la Europa geopolítica pueda avanzar en el doble reto pendiente de profundización y ampliación que el Consejo ha aprobado y que la presidenta de la Comisión anunció. Y más ahora con el nuevo parlamento basculado hacia la extrema derecha, con un grupo parlamentario, Patriotas por Europa, como tercera fuerza y un nuevo Consejo que cuenta con amplia representación de presidentes y presidentas populistas.

La Unión Europea sigue atrapada en su laberinto y muchas veces parece que actúa contra sí misma. El riesgo de quedar bloqueada por sus contradicciones existe. Pero mantiene la defensa del modelo social, intenta reforzar su autonomía estratégica, procura diversificar riesgos mediante acuerdos comerciales y explora su ampliación. Y todo ello pese a que continúa ausente y dividida como actor global en el tablero geopolítico. Una debilidad que solo será posible superar desde la escala supraestatal, imprescindible para restablecer nuevos marcos y espacios de cooperación reforzada con el Sur Global, sobre la base del respeto y la confianza y lejos de actitudes paternalistas o arrogantes. En especial con África y con América Latina, que se alejan de Europa.

De esta encrucijada se puede salir de dos formas: la vía populista o la conciliación de democracia, igualdad y economía de mercado y una nueva relación entre UE y parlamentos nacionales. Por ahora, la primera ha cobrado ventaja con grave riesgo de que resucitemos nuestros viejos demonios: el nacionalismo y la xenofobia.

No sabemos qué nos depara el futuro inmediato, pero los vientos de la historia en Occidente van en esa dirección. Un huracán geopolítico muy disruptivo y con gran potencial desestabilizador se ha desatado en EEUU y la borrasca ya está situada en el Atlántico, amenazando seriamente a Europa y más allá. Una Europa que afronta restos formidables en el momento en el que sus dos pilares fundamentales, Alemania y Francia, se encuentran en una profunda crisis económica, social y política. El reto fundamental ahora es demostrar que Europa tiene un proyecto común para el futuro, que está dispuesta y es capaz de redefinirlo para hacerlo más justo y sostenible, y que está decidida a abandonar su papel subalterno y su posición de "vasallaje".

¿Por qué no reconstruir puentes en vez de levantar muros? ¿Por qué no aspirar, en un mundo post-europeo, a convertirse en un "tercer espacio" democrático y geopolítico entre EEUU y China, construido sobre nuestros valores y no solo sobre nuestros intereses? Sin dobles raseros. Con una brújula moral recuperada que nos permita marcar el rumbo en estos tiempos de impunidad. La UE tiene capacidades e instrumentos suficientes como para afianzar un proyecto común, que tal vez sea más necesario que nunca. Evitando sobre todo dos tentaciones nacionalistas: la del regreso a cada Estado-nación amurallado y el proteccionismo. Asumiendo que debe adaptarse al nuevo tiempo post-europeo y no sabemos si post-occidental, a la nueva distribución del poder y al nuevo orden global que se va prefigurando.

Europa sigue siendo una referencia y una aspiración para millones de ciudadanos no comunitarios. Por dos razones que a veces no tenemos en cuenta: lo recordaba recientemente Amin Maalouf al referirse al declive de Occidente: "...*Sí, el declive es real y adquiere a veces la apariencia de una auténtica quiebra política y moral; pero todos cuantos combaten a Occidente y cuestionan su supremacía, por razones buenas o malas, se hallan en una quiebra aún más grave que la suya*". Y Sloterdijck lo ha resumido de forma, si cabe, más expresiva: "...*hasta la decadencia europea es aún lo más atractivo que hay en el mundo como forma de vida*".

¿Puede desaparecer la Unión Europea como proyecto político? Ese escenario es hoy más probable que hace una década. Si el discurso *etno-nacionalista* gana la batalla a la democracia entraremos en un escenario muy distinto. Incluso el propio proyecto europeo puede naufragar. Lo que suceda en Europa en los próximos dos años tal vez condicione el futuro de los europeos durante décadas. Nuevo momento fundacional o dulce declive y riesgo de desintegración política. Ese es nuestro gran dilema ahora. Las nostálgicas apelaciones a la vuelta al Estado-nación no nos hará más fuertes, sino más pequeños y vulnerables. Sin un proyecto común estaremos más expuestos a la intemperie en estos tiempos hostiles. Especialmente las amplias mayorías sociales, atrapadas en sus presentes precarios, que constatan que las cosas no están bien. Aunque la macroeconomía diga otra cosa.

Quien mejor lo ha entendido hasta ahora es el nacional-populismo. La internacional fanática y libertaria que va adquiriendo densidad en ambos lados del Atlántico puede ser el gran caballo de Troya que acabe con el sueño europeo en estos tiempos de impunidad y de incertidumbre radical. Son tiempos completamente distintos, pero los años veinte del siglo XXI, a veces hacen recordar los años veinte del siglo

XX. Tal vez por ello, Stefan Zweig y Karl Polanyi, e incluso Gramsci o Camus, nos siguen recordando la mirada de aquella Europa sobre la actual, y a algunas generaciones no nos parecen miradas ajenas y alejadas en el tiempo, sino próximas y ligeramente familiares. Puede que sus textos no hayan envejecido tanto como algunos puedan pensar. Vuelven a recordarnos que olvidar la historia y la geografía de las Europas puede ser un grave error.

4. Viejas y nuevas geografías del desorden y de los Derechos Humanos

Nunca en nuestra historia la humanidad ha conocido mejores niveles de bienestar. No está de más volver a recordarlo. Cualquiera de los indicadores que seleccionemos (mortalidad infantil, alimentación, alfabetización, atención sanitaria, nivel de ingresos de la población más desfavorecida, reducción de la brecha de ingresos entre países pobres y ricos, incremento de la renta per cápita en los países pobres en los últimos treinta años) corrobora esta afirmación. Pero sigue habiendo demasiada distancia entre unos y otros. Y los avances siguen siendo discretos y heterogéneos.

Moisés Naím escribió en 2005 un texto breve que tituló "*Cuando lo normal es raro*". Nos recordaba que lo que es normal, habitual, esperado, para una pequeña parte de la humanidad que vivimos en democracias maduras y para las élites de los países en desarrollo, no tiene nada que ver con la forma en la que vive de la mayor parte de la humanidad. Y aunque hayan transcurrido dos décadas y se hayan registrado avances, lo que es normal para menos del 10% de la población mundial actual sigue siendo excepcional para el resto.

Dos décadas después, y parafraseando a Moisés Naím, si vivimos en una democracia plena (en 2023 solo 28 países, que representaban en torno al 13% de la población mundial), tenemos acceso a alimentación y agua potable, electricidad, teléfono y trasporte público, acceso a educación y sanidad públicas, sensación de seguridad al caminar por la calle, atención sanitaria para las mujeres en el parto, desempeñamos un empleo estable y dignamente remunerado, disponemos o tenemos acceso a una vivienda digna, acceso a una información no sometida a controles gubernamentales, derecho a una jubilación digna...y otros muchos derechos civiles, políticos y sociales de tercera y cuarta generación, nosotros no formamos parte de la "normalidad" en la que trascurre la mayor parte de las vidas de la población mundial.

Nos siguen acompañando además viejas y nuevas geografías del desorden en las que siempre hay dos primeras víctimas: las personas y los Derechos Humanos. En muchos casos son la cara oculta de la globalización; en otros, son la consecuencia de siglos de dominación. Son las geografías del hambre, de la explotación laboral y de los trabajos forzados, en especial de niñas y niños, de la violencia contra las mujeres, de *apartheid* de género, de la violencia contra comunidades rurales e indígenas, de las agresiones a minorías culturales, lingüísticas o religiosas. Algunos datos oficiales nos ayudar a poner rostro: una de cada once personas en el mundo pasaba hambre en 2023, una de cada cinco en África; el trabajo infantil forzado afectaba en 2024 a 160 millones de niños entre 5 y 17 años y 50 millones de personas vivían en situación de esclavitud en 2022; 650 millones de niñas y mujeres habían sufrido algún tipo de violencia sexual en 2024.

Hay otras geografías asociadas a la nueva modernidad que merecen atención porque plantea nuevos dilemas éticos. Porque pone en relación globalización, extractivismos, explotación de personas y consumo de masas. Trazando líneas rectas, pero invisibles, entre la extracción de columbita, tantalita y otros minerales estratégicos, en las peores condiciones imaginables y recurriendo incluso al trabajo de niños, y el acceso a precios asequibles de la tecnología más avanzada en nuestros centros comerciales. Geografías donde corrupción, militarización, saqueo, contrabando, impunidad, explotación, violaciones… silencio y complicidad de la comunidad internacional, son la norma. El trabajo de centenares de mujeres que cada día se trasladan a las empresas tecnológicas de China o a las industrias de la confección de Bangladesh o Phnom Penh para las grandes firmas multinacionales de moda. El trabajo invisible y precario de millones de mujeres en la economía informal y de millones de agricultoras y agricultores del mundo en desarrollo para los "imperios" que dominan el mercado mundial de alimentos. O el trabajo informal de centenares de millones de mujeres que cada día se desplazan como asistentas desde la "ciudad informal" de América Latina, Átrica o Asia a la parte de la ciudad formal.

Todo ello configura unas geografías que nos interpelan como ciudadanos del mundo y como consumidores. Geografías que resultan incómodas. Porque remiten a avances hace tiempo conseguidos en nuestro mundo, pero que permanecen incumplidos en grandes regiones y en las ciudades duales del Sur Global y que precisamente por ello podemos acceder a tecnología, ropa, bienes de consumo o alimentos a precios asequibles.

Solo de vez en cuando, algunos informes, generalmente elaborados por ONGs, nunca por gobiernos, nos hablan de incumplimiento del artículo 32 de la Convención sobre los Derechos del Niño; de los efectos perversos para territorios y personas de una transición energética injusta; del trabajo forzado de los niños y del auge de la explotación infantil; de procesos de expropiación y desalojos forzados de comunidades rurales para privatizar territorios o el agua; del elevado número de suicidios de agricultores en la India porque no pueden pagar sus deudas y que nos recuerda de forma incansable Vandana Shiva; de las condiciones de trabajo en

Foxconn y otros centros similares que algunos ya han calificado como la nueva *islavery*; del trabajo en la fábricas textiles, legales e ilegales, en la enorme periferia de Dhaka (Bangladesh) y que solo aparece en los medios cuando ocurre una enorme desgracia, como el derrumbe completo de un edificio en 2013, el Rana Plaza en las afueras de Dhaka, ocasionando la muerte de 1.130 personas, la inmensa mayoría mujeres trabajadoras. Geografías todas ellas para las que los anuncios de grandes objetivos (ODM, luego ODS) no dejan de ser hojas de ruta tentativas que no comprometen buenas declaraciones de intenciones, a la vista de la desesperante lentitud en y la consecución de objetivos y el cada vez menor grado de compromiso de los países más desarrollados.

Luego están las geografías de los conflictos, más o menos invisibles u olvidados y la cartografía anexa de los mapas de refugiados y desplazados que siempre acompaña. Hubo un momento a finales de 2024 en que las compañías de fabricación de misiles se estaban quedando sin stock y las fábricas de balas tuvieron que ampliar ampliaron su capacidad de producción por primera vez desde la Segunda Guerra Mundial. Se inicia 2025 con 55 conflictos abiertos, el mayor número desde el final de la Segunda Guerra Mundial, con el momento en que más recursos se destina a la compra de armamento en toda nuestra historia y con dos grandes guerras de consecuencias globales en las periferias de Europa.

Pero hay otros muchos conflictos olvidados que duran décadas y que también son problemas mundiales, aunque no reciban tanta atención. La casi totalidad en el Sur Global. Visitar la cartografía más reciente de conflictos elaborada por el *International Institute for Strategic Studies* o por el *Stockholm International Peace Research Institute* (SIPRI) da una idea de por qué hablamos de la Era de confrontación o la Era de la impunidad para referirnos a este tiempo.

Si nos detenemos, solo a modo de ejemplo, en África central y en el mapa de conflictos, el balance en 2024 no es precisamente esperanzador. Represión en Senegal, una década de conflicto en Mali, la excepción convertida en norma en Burkina Faso, golpe militar en Níger, crisis y guerra permanente en Etiopía, veinte años de violencia e impunidad en Sudán y saqueo y terrorismo desde hace 25 años en la República Democrática del Congo. Pasado colonial y presente neocolonial, fracaso del Estado, control de recursos, injerencias intencionadas con la vista puesta en Europa, yihadismo, religiones... demasiado para un continente tan poblado, tan rico en recursos y a la vez tan pobre.

Si dejamos que hablen quienes mejor conocen y sufren esa realidad, la descripción es desgarradora. Por ejemplo, Denis Mukwege, Premio Sájarov 2014 y Premio Nobel de la Paz 2018, afirmaba en 2022: "...*En la República Democrática del Congo la impunidad es la norma. (…).*

Cualquiera puede masacrar a la población impunemente, como en Kishise, saquear nuestras riquezas y venderlas después en el mercado internacional (…). La crisis securitaria y humanitaria, que tiene lugar desde hace 25 años en el Este del Congo, es la más olvidada del mundo. Una crisis que ya ha provocado la muerte de 6 millones de personas y 5,8 millones de desplazados [y casi 600.000 refugiados]. Un tercio de la población sufre hambre".

Y si fijamos la vista en Sudán, el gran conflicto ignorado de dimensión mundial, el balance es si cabe, menos esperanzador. Ejemplo de guerra civil *proxi*, donde potencias extranjeras, como Emiratos o Rusia, apoyan a uno u otro grupo para garantizarse el acceso a recursos, muy especialmente oro, litio y uranio. No se sabe con precisión el número de muertos, afectados por la hambruna, desplazados (¿doce millones?) y refugiados (¿cuatro millones?), pero sí se sabe que en el momento actual Sudán, con una población similar a la de España, es un Estado fallido en el que aquella afirmación de Hobbes sobre la vida se hace realidad como en ninguna otra parte del mundo actual, si acaso con la excepción de Gaza: pobre, desagradable, brutal y corta.

Heridas, dolor, miedo, miseria, hambre y muerte que en toda guerra siempre pagan los mismos. Sin distinción de frontera. El poema de Bertolt Brecht, escrito en 1939, también sigue resonando con fuerza:

> *La guerra que vendrá*
> *no es la primera.*
> *Hubo otras guerras.*
> *Al final de la última*
> *Hubo vencedores y vencidos.*
> *Entre los vencidos,*
> *El pueblo llano pasaba hambre.*
> *Entre los vencedores*
> *El pueblo llano la pasaba también*

No existe mayor expresión de desorden que una guerra. Es el caos y el desorden absoluto. Adquieren vida propia una vez que se inician y no se sabe cuándo ni cómo acabarán. Lo único que sabemos, como todas las guerras anteriores nos ha enseñado, es que siempre ganan unos pocos y pierden casi todos. Civiles en su inmensa mayoría. Las cifras de muertos y la cartografía de refugiados y desplazados, sigue siendo el espejo dramático que nos devuelve la imagen brutal de una geografía de los conflictos cada vez más compleja.

Somos capaces de lo peor y seguimos con la brújula moral averiada. Bien mirado, en este apartado tampoco puede decirse que hayamos progresado mucho desde aquellas turbadoras páginas escritas en 1577 por Étienne de la Boétie en su *Discurso de la servidumbre voluntaria*. Sigue siendo necesario preguntarse cómo es nuestra naturaleza, cómo somos realmente como especie.

Pero podemos recomponernos, porque también somos capaces de lo mejor. Volker Türk, siendo Alto Comisionado de las Naciones Unidas para los Derechos Humanos, en septiembre de 2024, nos mostraba el camino: Debemos reconectar con nuestra humanidad común *y "guiarnos por los derechos humanos" (...) "...La nueva normalidad "no puede ser una escalada militar interminable y despiadada, ni de métodos de guerra, control y represión cada vez más horribles y tecnológicamente avanzados".*

5. Dos grandes desafíos existenciales como fuente de desorden: cambio climático e Inteligencia Artificial generativa

Cuando hablamos de desorden ambiental y de riesgos de desorden democrático provocado por la revolución tecnológica, es que se están produciendo algunos cambios profundos que amenazan, literalmente, nuestra existencia como especie. Y no solo hablamos de las implicaciones geopolíticas que se puedan derivar, sino de cambios disruptivos, de desafíos y de riesgos existenciales.

En septiembre de 2023, el Secretario General de Naciones Unidas, António Guterres, alertaba de que la humanidad había abierto "las puertas del infierno" y era urgente evitar llevar al planeta hacia un "precipicio climático". Los alarmantes datos disponibles hace un año han sido superados este verano. Los estudios subrayan que hemos entrado en "terreno inexplorado" y utilizan términos como "nunca antes", "fuera de lo común", "excepcional" o "sin precedentes". Se refieren también al verano más cálido desde la era preindustrial, aumento de DANAS catastróficas, récord de temperaturas del mar, récord de días cálidos con valores anómalos, olas de calor más frecuentes, incendios forestales fuera del verano, riesgo de estrés hídrico general, alertas por sequía o riesgo de desertificación. Se han batido récords con respecto a los niveles de gases de efecto invernadero, las temperaturas en superficie y en los océanos, el aumento del nivel del mar y el deshielo. De ahí que se haya incrementado el número de alertas y declaraciones de emergencia ante eventos climáticos extremos. De modo que tal vez este haya sido el verano más fresco, con mayor cantidad de agua potable disponible y con menos episodios extremos del resto de nuestras vidas.

Las evidencias aportadas por la comunidad científica sobre la huella de la acción antrópica en el anómalo proceso de calentamiento global y sobre las consecuencias del cambio climático no dejan lugar a dudas. Buena parte de los riesgos climáticos han alcanzado ya el nivel crítico y si no se adoptan medidas con urgencia todos lo alcanzarán (algunos con dimensión catastrófica) de aquí a mitad de siglo. Disponemos de información sobre los profundos efectos en la salud, la alimentación y la vida de las personas más vulnerables, la economía, el empleo, los recursos no renovables, las ciudades, los territorios, las especies o los ecosistemas. Sabemos que el cambio climático es un multiplicador de riesgos, en especial en los países pobres, y que los costes económicos de no hacer lo suficiente ahora serán incalculables en un futuro próximo.

La emergencia climática tiene una dimensión geopolítica de primer orden y afecta directamente a los derechos humanos básicos de centeneras de millones de personas. Las evidencias científicas ya nos permiten saber que el calentamiento global mata, que global no significa lejano, sino sistémico, que es fuente de conflictos sociales y desorden geopolítico, que afectará a las economías y a las vidas de centenares de millones de personas y que carecemos de formas de gobernanza global para un desafío que solo tiene soluciones globales. Sabemos también que en el Sur Global se incrementarán los problemas de seguridad alimentaria y de acceso al agua potable, que se producirán episodios cada vez más extremos de sequías e inundaciones, que aumentará el número de desplazados y refugiados ambientales, también los riesgos de epidemias y pandemias y que empeorarán las condiciones de habitabilidad en muchas megaurbes. Pero las emisiones de gases de efecto invernadero siguen registrando aumentos y en 2022 siete países generaban más del 50% del total de emisiones de CO_2.

Nadie podrá alegar que no estábamos avisados desde hace décadas. Pero lo cierto es que no estamos haciendo lo suficiente. Y aunque abandonemos toda esperanza de revertir la situación, recordando la inscripción que Dante encuentra en la puerta del infierno, podríamos hacer mucho más para mitigar los efectos, adaptarnos y, en su caso, anticiparnos a los cambios. Pero antes debemos encontrar respuestas a cuestiones fundamentales.

La primera pregunta que debemos hacernos es cómo vamos a resolver la gran contradicción que implica avanzar hacia transición energética y la necesidad de utilizar a gran escala materiales imprescindibles y escasos. Ya nos lo advertía la propia Naciones Unidas a finales de 2024: "*Limitar el calentamiento global a 1,5 grados Celsius para fin de siglo con respecto a los niveles preindustriales dependerá del suministro suficiente, confiable y asequible de minerales críticos para la transición energética como el cobre, el litio, el níquel, el cobalto y los elementos de tierras raras, que son componentes esenciales de las tecnologías de energía limpia, desde turbinas eólicas y paneles solares hasta vehículos eléctricos y almacenamiento en baterías".* Teniendo además en cuenta la dimensión geopolítica que implica, puesto que estos materiales críticos están monopolizados por un reducido grupo de países, especialmente por China.

La otra pregunta que debemos hacernos es por qué cuesta tanto superar inercias, modos de vida, patrones de consumo individuales y colectivos y cambiar enfoques de políticas públicas que van justo en la dirección contraria de lo aconsejable. Si miramos hacia los países que integran el Sur Global, no existen soluciones sencillas. Como ellos mismos reiteran en foros y organismos mundiales, es Occidente quien ha de asumir la mayor parte de los costes de la transición, puesto que es responsable del calentamiento global actual tras dos siglos de industrialización.

Y si miramos hacia Occidente, entre otras muchas, caben tres posibles explicaciones. En primer lugar, no resulta tarea sencilla conciliar el interés en las próximas elecciones con los derechos de las próximas generaciones. El tiempo político, que en democracia suele ser de cuarenta y ocho meses, prevalece sobre un tiempo ecológico, que se mide en décadas e incluso siglos, y ello condiciona las agendas ambientales. A pesar de los progresos notables en Europa (aunque hay diferencias muy significativas entre países, entre grupos de edad y por nivel formativo), en conjunto persiste una disonancia estructural entre objetivos deseables en el medio y largo plazo y los intereses inmediatos de una sociedad que vive y percibe su realidad espacio-temporal en el corto plazo y la distancia próxima.

Las mayorías sociales, aun manifestando en barómetros y encuestas una creciente toma de conciencia del problema, siguen más pendientes de un presente continuo, muchas veces precario, que de un futuro incierto y "lejano". Persisten contradicciones y resistencias a aceptar cambios drásticos tanto en el modelo de crecimiento como en nuestros modos de vida.

En segundo lugar, los contextos sociales, culturales e institucionales específicos son más importantes que los textos legales e incluso en ocasiones que los presupuestos. El protagonismo de los actores políticos para afrontar los efectos del cambio climático es fundamental. Pero no habrá progresos significativos y transición ecológica y energética si no se cuenta con el apoyo de amplias mayorías sociales. En la reciente historia del medio ambiente en Europa occidental casi siempre se ha dado una secuencia parecida: primero se alerta de la gravedad de determinados procesos desde ámbitos científicos y académicos; luego los medios de comunicación, que desempeñan un papel fundamental, se hacen eco de las investigaciones; más tarde la opinión pública empieza a percibir de forma mayoritaria los riesgos, los peligros y los efectos indeseables dc determinadas prácticas y dinámicas; finalmente, estas cuestiones se incorporan en la agenda política. Nosotros estamos a mitad de camino y alterar la secuencia no garantiza el éxito de políticas ambientales más ambiciosas. De ahí que sea difícil encontrar el punto de equilibrio adecuado entre el proceso de maduración de contextos sociales y el impulso de políticas concretas en las distintas escalas. El ejemplo de las movilizaciones de los agricultores europeos en fechas muy próximas a unas elecciones al parlamento europeo, que ha tenido como resultado un retroceso en la agenda medioambiental, ilustra esta dificultad de conciliar contextos y tiempos.

En tercer lugar, la "industria de la desinformación" ha dado un salto cualitativo extraordinario durante la última década. Estas estrategias deliberadas de desinformación y polarización, utilizan las redes sociales, *think tanks* o nuevas plataformas digitales de comunicación, disponen de abundante financiación procedente de lobbies energéticos, de grandes «mercaderes globales» de la industria agroalimentaria y de otros grupos de interés y condicionan el ecosistema informativo y la agenda política. Hasta el punto de que ahora ya se cuestiona la solvencia académica y científica de especialistas, negando datos, sembrando dudas y haciendo del negacionismo climático un elemento más de su batalla cultural y de confrontación electoral. Estudios recientes indican que el impacto de la "twittosfera climática" ya es muy significativo, puesto que casi un tercio de los mensajes niegan el origen antrópico del cambio climático, combaten las aportaciones científicas y expanden los discursos de odio.

Como afirmaba Maya Jasanoff, la desinformación tiene también sus fanáticos seguidores y sus creyentes. Estas estrategias políticas de desinformación, acentúan la división en las sociedades, impiden la construcción de consensos y bloquean el impulso de políticas. La buena noticia es que gracias al trabajo de la comunidad científica y de muchos medios de comunicación se empieza a percibir la gravedad de la situación. También los poderes públicos, incluido el poder judicial, se sienten mucho más interpelados y concernidos.

Tal vez estemos en la antesala del infierno climático. Tal vez en el borde del precipicio y quién sabe si ya no hemos saltado al vacío y hemos puesto en marcha un proceso que implica una gran amenaza existencial. Lo sabremos en menos de una década. Razón de más, en todo caso, para que desde distintos ámbitos sigamos actuando como sistema de alarma. Prosiguiendo con investigaciones y aportando evidencias, enseñando en centros docentes, proporcionando buena información a la ciudadanía y exigiendo otras políticas. No será tarea sencilla. Ni siquiera en Europa y menos en el caso español, donde el estado de opinión indica que queda mucho trabajo pendiente. Y los avances no están asegurados. No hay tiempo que perder. La propia Comisión Europea advertía en marzo de 2024 que *"la crisis climática, que está interrelacionada con otras crisis planetarias, como la de la contaminación y la de la pérdida de biodiversidad y amplifica muchos otros riesgos existentes, es la más existencial de todas las amenazas a las que nos enfrentamos".*

El otro gran desafío existencial viene de la mano de la revolución tecnológica y de la Inteligencia Artificial generativa. La revolución digital y la IA generativa serán la otra cuestión central en la agenda geopolítica en la próxima década. Pero carecemos de mecanismos de gobernanza globales. El Consejo de Europa (*Convenio Marco sobre Inteligencia Artificial y Derechos Humanos, Democracia y Estado de Derecho*) y las Naciones Unidas (*Governing AI for Humanity*) han hecho llamamientos recientes al respecto. Si no se arbitran mecanismos de regulación y control, los grandes imperios digitales del siglo XXI pueden ser fuente de desorden democrático y geopolítico. También modificar nuestra propia naturaleza como especie. Estamos en la antesala de cambios de gran trascendencia, que pueden provocar efectos disruptivos desconocidos. Tal vez no sea exagerado afirmar que estamos ante un gran reto civilizatorio.

Con la información disponible ya podemos hacernos una idea de sus efectos y de los enormes retos que implica. Podemos agruparlos en cuatro planos de discusión. El primero está relacionado con el gran debate en torno a la relación entre grandes monopolios digitales, poder, privacidad, derechos individuales y colectivos y riesgos para las democracias. Lo han explicado muy bien Shoshana Zuboff y Carisa Veliz. Y el Nobel de Economía Daron Acemoglu, recuerda que la innovación tecnológica no necesariamente es sinónimo de prosperidad. Estamos abriendo una puerta hacia un tiempo en el que desde poderes en manos de muy pocos y sin capacidad para que puedan ser controlados democráticamente, la dictadura del algoritmo, la hipérbole y la desinformación manufacturada están modificando no solo las estructuras de poder, sino las estructuras sociales heredadas del siglo XX y nuestros propios comportamientos individuales. José María Lassalle habla de cambio de paradigma cognitivo.

Los mediadores tradicionales y las fuentes de conocimiento científico (parlamentos, medios de comunicación, científicos, universidades) han sido completamente desbordados. Incluso se les pretende estigmatizar. Los "señores de los nuevos feudalismos" de los que hablan Varoufakis o Andrés Ortega, tienen tal capacidad de alterar la vida de los países y de manipular el comportamiento de los individuos, que produce vértigo. Y el potencial totalitario de la inteligencia artificial, del que advierte Yuval Noah Harari, puede inaugurar un tiempo nunca antes visto en la historia. Hasta el punto de que ya se puede hablar de una nueva *Era de autoritarismo digital*. Teniendo en cuenta además que, en el caso de autocracias, teocracias y dictaduras, la capacidad de ejercer control total sobre la vida de las personas es absoluto.

El segundo plano está relacionado con la posibilidad de ciberataques, la creciente importancia de las "zonas grises" (aquellas áreas que no se encuentran formalmente en guerra, pero tampoco en situación de paz) y los nuevos desafíos en el uso de la fuerza. Hasta el punto de que ya hablamos de "Ciberguerra fría". El riesgo para la estabilidad política, de seguridad de infraestructuras críticas, de centros civiles vitales (bolsas de valores, bancos, telecomunicaciones, redes eléctricas, acueductos, transportes, hospitales, centros de investigación), de riesgo para las empresas de un país, de sabotajes a cables submarinos que garantizan el tráfico de internet, de captura de secretos industriales, científicos y militares y de injerencia en campañas electorales ya no es un tema de futuro, sino de presente. Y los poderes públicos van muy por detrás de los poderes empeñados en hacer el mal. La última frontera, de la que ya alerta Laure de Roucy-Rochegonde en su obra *La guerre à l'Ère de l'Intelligence Artificielle*, es la posibilidad de que incluso las máquinas tomen las armas y la guerra quede fuera del control de los humanos. La IA y la aparición de armas más autónomas pueden cuestionar el control humano, político y jurídico del uso de la fuerza.

El tercer plano es el de la batalla por la regulación de redes sociales y de la Inteligencia Artificial para proteger a la ciudadanía de los efectos perversos que puede provocar no solo en el ámbito social sino en la propia estructura del cerebro, en especial en niños, niñas y jóvenes. Lo han estudiado bien Anu Bradford y Nita Farahany. Poco a poco se van abriendo camino iniciativas políticas y regulaciones sobre protección de datos y contenido de las redes sociales en algunas democracias (Australia, Reino Unido y la propia Unión Europea ya han impulsado iniciativas al respecto). Se trata de garantizar la seguridad de los usuarios en internet y que las normas sirvan de base para presionar a las grandes corporaciones, instándolas a que modifiquen sus políticas en cuanto a manipulación y moderación de contenidos.

Algunos ejemplos sugieren el camino a seguir. En fechas recientes la UE ha impulsado investigaciones en contra de X, por sospechas de difusión de desinformación, y en contra de Meta, para evaluar los posibles efectos nocivos entre los jóvenes. También obligó a TikTok a retirar del mercado una aplicación que pagaba por el visionado de vídeos. Se produjo incluso el arresto en Francia de Pavel Dúrov, dueño de TikTok, argumentando que era el primer paso para combatir las actividades criminales desarrolladas dentro de la aplicación. Se instó a Telegram a proporcionar los datos de sus usuarios a las autoridades que hicieran una solicitud legal. El Tribunal Supremo de Brasil ordenó en 2024 el cierre de X y la obligación de eliminar ciertas cuentas porque "atentaban contra la democracia en Brasil". Después de 39 días el juez ordenó la reapertura tras constatar el total cumplimiento por parte de la empresa: bloqueo de las cuentas necesarias, pago de las multas y nombramiento de un nuevo representante de la plataforma en el país. Fiscales generales de 14 Estados en EEUU demandaron a TikTok por el daño a la salud mental de los menores en septiembre de 2024. Un año antes, más de 40 Estados demandaron a META por idéntica razón.

En cuanto a la disputa por la soberanía digital, también se han producido avances esperanzadores desde los últimos meses de 2024. La justicia europea confirmó la sanción de 2.400 millones a Google por abusar de su posición dominante. Australia anunció legislación sobre desinformación. La UE multó a Meta con 91 millones de euros por almacenar las contraseñas de sus usuarios sin medidas de seguridad. Apple fue condenada a devolver 14.000 millones por impuestos a Irlanda tras perder la batalla judicial con Bruselas. Decisión ratificada por el TJUE al considerar que la exención aplicada por Dublín era una ayuda de Estado ilegal.

El cuarto plano es el más inquietante y el que más riesgos existenciales implica. Dejemos que hablen algunos de sus principales protagonistas. En septiembre de 2024 Apple presentó nuevos iPhones con inteligencia artificial generativa. En el mismo mes de septiembre OpenAI lanzó una IA que razona y supera a los científicos (Modelo OpenAI o1). En octubre de 2024, Joshua Bengio, una de las mayores autoridades mundiales en la materia, hizo una muy seria advertencia al mundo sobre los riesgos existenciales de la Inteligencia Artificial como un poder sin control.

Pero el genio salió de la botella y nadie es capaz de devolverlo a su sitio. *"En 10 años, podemos tener por 1.000 euros un ordenador con la capacidad de la humanidad"*, decía por esas mismas fechas Dimitris Dimitriadis. *"Necesitamos prepararnos para lo que va a suceder en cinco años"*, afirmaba el asesor tecnológico internacional Stephen Ibaraki. *"El próximo gran salto es el desarrollo de humanoides y estamos muy cerca"*, afirmaba Rev Lebaredian, vicepresidente de Nvidia.

¿Conclusión? Los términos del debate están claros. De una parte, poder, ánimo de lucro, desregulación, incertidumbre, disrupción, manipulación, injerencia y riesgo existencial. De otra, control democrático, valores, Derechos Humanos, regulaciones, seguridades y límites. Es urgente regular antes de que sea demasiado tarde. Porque la regulación es la única forma de entender el progreso y de preservar derechos. Desde la Unión Europea podría impulsarse una nueva generación de iniciativas, acordes con nuestra tradición y nuestros valores, alejadas de las tentaciones desreguladoras y sin control a la que aspiran los grandes señores tecnológicos en EEUU, que además han decidido ocupar el poder político. Y, de otra parte, del modelo autoritario de China.

Stanley Kubrick, en su obra maestra *2001: una odisea del espacio*, quiso compartir con nosotros dos ideas que siguen vigentes. La primera secuencia del film muestra cómo un grupo de humanoides descubre que un hueso podía ser usado como arma/herramienta, y con ello adquirió poder y dominio sobre otros grupos que disputaban el agua. Nuestro hueso ahora es la Inteligencia Artificial, con todo su enorme potencial para hacer el bien y para hacer el mal. Pero seguimos teniendo el mismo cerebro que nuestros ancestros, y esto es precisamente lo que hemos de saber gestionar. El gran Edward O.Wilson, en una entrevista concedida a *Harvard Magazine* en 2009, lo resumió de forma memorable: *"Tenemos emociones del Paleolítico, instituciones medievales y tecnología propia de un dios. Y eso es terriblemente peligroso"*.

La otra metáfora sugerida por Kubrick es la historia del Ordenador HAL 9000 y su rebelión frente a quienes lo han creado. Y esto es lo que nos hace vulnerables si somos irresponsables. Hasta el punto de estar poniendo en peligro nuestra propia existencia como especie.

Este es el mundo que parece que viene. Por ahora, estamos más cerca del Leviatán de Hobbes que de la paz perpetua de Kant. Pero este tiempo pasará, como ha ocurrido antes en la historia. Se recuperará la Razón perdida y una brújula moral, ahora extraviada, y regresarán los grandes valores y fundamentos de la modernidad.

El futuro es un país extraño y tendremos lo que nos merezcamos, decía Josep Fontana. Nada está escrito y nada es inevitable. Pero nada llegará automáticamente: *"si queremos conseguir algo bueno debemos reflexionar sobre nuestras fuerzas, porque cada tiempo exige sus respuestas y hay que estar a su altura", nos* advertía Willy Brandt en 1992, en los inicios de esta nueva Era. Y no hay tiempo que perder porque hay demasiadas luces rojas en el panel. Las desigualdades, la incertidumbre, la inseguridad y el miedo al futuro, siempre han sido malos compañeros de viaje en nuestra historia. Y venimos obligados a no olvidar, para evitar caminos que ya sabemos que acaban siendo intransitables. A ellos se suman ahora los grandes desafíos existenciales que ha traído el siglo XXI.

Por ahora, transitamos por la vía equivocada. Y ese es un camino sin salida. La vía alternativa debe ofrecer esperanza, seguridades, mayores niveles de igualdad y garantías de que nuestros modelos aseguran la economía, son socialmente más justos, ambientalmente sostenibles y garantizan derechos individuales y colectivos. En momentos de incertidumbre, tal vez lo prioritario sería empezar por poner orden en nuestras ideas. Ya hemos demostrado en el pasado que también somos capaces de construir una sociedad decente. El mundo que viene también puede ser mejor para futuras generaciones. Todavía estamos a tiempo de elegir.